LES 100 HÉROS DE LA LITTÉRATURE

Société du Figaro. Siège social, 14, boulevard Haussmann, 75009 Paris.
Président : Charles Edelstenne.
Directeur général, directeur de la publication : Marc Feuillée.
Directeur général adjoint : Jean-Luc Breysse.
Directeur des rédactions : Alexis Brézet.
Directeur du Figaro littéraire : Étienne de Montety.
Auteur : Laurence Caracalla.

Éditeur : Robert Mergui.
Maquette : Sophie Trotin et Sarah Zanet.
Couverture : Sophie Trotin.
Création : Sarah Zanet.
Illustrations : Frédérick Lopez.
Correction : Véronique Tran Vinh.
Directeur industriel : Marc Tonkovic.
Responsable de la diffusion : Sophie Miton.
Chargée de communication : Aurélie Broux.
Pré-presse : Corinne Videau.
Fabrication : Emmanuelle Dauer.

ISBN : 9-782810-509379

Achevé d'imprimer en décembre 2021 sur les presses de l'imprimerie Pollina, France.

Préface

Par Étienne de Montety, directeur du *Figaro littéraire*

Ils sont les protagonistes, souvent célèbres, de la littérature française. Eux, ce sont les héros de roman. Quand ils ne donnent pas leur nom au livre, ils lui donnent un visage et de la vie.

Les grands créateurs de la littérature, Balzac, Tolstoï, Proust, en ont conçu à foison : autant d'univers romanesques, autant de héros. Don Quichotte rêve d'égaler les plus grands chevaliers des livres qu'il dévore, il est devenu l'un d'eux. Julien Sorel regrette tant de n'avoir pas été un général glorieux de l'épopée napoléonienne. Stendhal fera de sa vie un roman. Rastignac veut profiter des turbulences de son temps pour conquérir Paris. Au XXe siècle, la noblesse de cœur, qui caractérisait Dantès ou Mychkine, ne sera plus ce qu'elle a été. L'homme moderne, qu'il soit vu par Drieu ou par Fitzgerald s'en ressentira.

Le mot « héros » est ambigu en français, il ne faut pas s'imaginer des hommes d'un bloc (ce registre-là est réservé aux héros de cape et d'épée). Swann, Lord Jim, Augustin Meaulnes, et même Maigret, c'est par leurs silences, leurs contradictions qu'ils nous intéressent. Ils incarnent quelque chose : la condition humaine. Ils nous ressemblent.

Pantagruel

François Rabelais

1532

Quelle triste venue au monde ! La mère de Pantagruel, Badebec, reine des Amaurotes en Utopie, meurt en couches. Son père, Gargantua, se console en admirant ce nouveau né, gaillard tout en chair, devenant au fil des ans, géant insatiable. Adolescent, Pantagruel traverse les continents, vient en France faire ses études, et, entre deux festins bien arrosés, fait le tour des universités du pays. À Paris, le magnifique jeune homme devient des plus sérieux et s'adonne à ses études avec ferveur : le voilà si cultivé qu'il est capable de raisonner dans à peu près toutes les disciplines. Il en profite même pour ridiculiser les plus grands théologiens comme les plus grands juristes. Insatiable lecteur d'écrivains antiques, son immense culture va le métamorphoser : de formidable glouton, il devient humaniste. Raisonnable et altruiste, patient devant les sottises qu'il ne cesse d'entendre, stoïque malgré les événements les plus extraordinaires, Rabelais voit en lui l'incarnation de l'homme devenu sage grâce à ses connaissances. Et en profite pour régler ses comptes avec ceux qu'il appelle les « bigots », ces pseudo-intellectuels, ces théologiens à la vue courte. Grâce à son géant de héros, il choisit le rire, « le propre de l'homme » pour vilipender la bêtise humaine.

Don Quichotte

L'ingénieux Hidalgo Don Quichotte de la Manche, Miguel de Cervantès

1605

Don Quichotte, l'un des héros les plus célèbres de la littérature mondiale, devenu même nom commun pour désigner un redresseur de torts, un défenseur de causes perdues, n'en finit pas de passionner les spécialistes. Alonso Quichano, un gentilhomme campagnard espagnol, est un illuminé, poussé à la démesure par ses lectures de romans de chevalerie. Accompagné de son fidèle écuyer, Sancho Pança, il s'imagine chevalier errant du Moyen Âge, parcourant le pays pour combattre le mal. À ses yeux, les moulins à vent deviennent soudain terribles géants, les auberges des châteaux enchantés et les paysannes borgnes de superbes créatures. Au fil des siècles, ce héros devient un mythe, le symbole de ceux qui ne seront jamais satisfaits par la triste réalité. Car Don Quichotte, bon et noble, se réfugie dans un monde créé de toutes pièces tandis que le fidèle Sancho Pança incarne l'homme prosaïque dans toute sa splendeur. Cervantès choisit de caricaturer le roman d'aventures et a recours à l'humour pour raconter son pays, l'Espagne, ses inégalités sociales, son injustice et sa violence.

Robinson Crusoé

Daniel Defoe

1719

Seul survivant d'un naufrage, voici Robinson Crusoé abandonné sur une île vénézuélienne. Comment survivre dans cette nature inhospitalière, sans aide, sans nourriture ? C'est mal connaître l'extraordinaire tempérament de notre héros qui, un quart de siècle durant, vivra coupé du monde. Il découvre une grotte, s'en fait un toit pour dormir, tue du gibier pour se nourrir, se fabrique un parasol pour se protéger des rayons du soleil, cultive du blé et lit la Bible. Jamais Robinson Crusoé ne se désespère et pourtant… la question, la seule qui nous taraude depuis trois siècles est à la fois toute simple et très complexe : peut-on vivre seul ? Même si Vendredi, nommé ainsi car c'est le jour de sa rencontre avec le héros, est une présence humaine, c'est aussi un « sauvage » à qui il faut tout apprendre de la civilisation. Il semble que pour Daniel Defoe, l'auteur de ce classique, il est possible de subsister dans le plus total isolement. Cette aventure a fait rêver des millions de lecteurs, toutes générations confondues : la patience, l'optimisme, le courage de cet inventif marin, ont fait de Robinson Crusoé l'un des tout premiers héros de roman d'aventures.

Candide

Candide ou l'Optimisme, Voltaire

1759

Un prénom prédestiné pour ce héros naïf et optimiste, élevé par son professeur de philosophie, Pangloss. Celui-ci lui apprend que *« tout va pour le mieux dans le meilleur des mondes possibles »*. Aussi, lorsque ce pauvre Candide, amoureux de Cunégonde et puni pour lui avoir donné un chaste baiser, est chassé du château où il a vécu toute sa jeune vie, le voici confronté à la violence du monde. Un monde auquel il ne comprend rien. Enrôlé de force dans l'armée, témoin des pires sévices infligés aux soldats et aux civils, il professe encore que tout va pour le mieux. Jusqu'à être, peu à peu, gagné par le doute. Finalement, Candide se retirera dans une petite métairie, épousera Cunégonde et fera la connaissance d'un vieillard semblant vivre, lui, dans un bonheur parfait. Son secret ? Le travail, qui *« éloigne de nous trois grands maux : l'ennui, le vice et le besoin »*. Cet argument agit sur le héros comme une révélation, *« Il faut cultiver notre jardin »*, dit-il à Pangloss. Contentons-nous de ce que nous avons et arrêtons de croire, tels les philosophes de l'optimisme, en un monde parfait.

Saint-Preux

Julie, ou la Nouvelle Héloïse, Jean-Jacques Rousseau

1761

Un jeune précepteur tombe follement amoureux de son élève. L'intrigue, pour le moins classique, a percuté le cœur des lecteurs de Rousseau qui ont fait un triomphe à ce roman épistolaire. Saint-Preux est beau, passionné… roturier. C'est ainsi qu'il ne pourra jamais épouser Julie d'Étanges, jeune aristocrate pour qui son père a bien d'autres ambitions : elle épousera M. de Wolmar. La rupture est inévitable et Saint-Preux part loin, durant quatre ans, pour un tour du monde, tentant ainsi d'oublier sa dulcinée. À son retour, on l'informe que M. de Wolmar veut le rencontrer et lui propose même de vivre sous le toit du couple. La nature des sentiments de Saint-Preux pour Julie se transforme : ensemble, ils décident de sublimer leur passion et d'entretenir seulement une forte amitié. Saint-Preux, héros éminemment romantique, sentimental en diable, excessif parfois, connaîtra enfin une sorte de paix, mieux, un semblant de bonheur. Leur passion devenue chaste subsistera pourtant bien après la mort de Julie qui lui avouera, avant de disparaître, n'avoir jamais cessé de l'aimer.

Werther

Les Souffrances du jeune Werther, Johann Wolfgang von Goethe

1774

Werther, jeune homme sensible, quitte sa province natale pour rejoindre une grande ville. C'est là, au cours d'un bal, qu'il tombe follement amoureux de Charlotte, dite Lotte. La sachant pourtant fiancée à un autre, il ne peut contenir ses sentiments. La situation est invivable et il part pour un long voyage. À son retour, il retrouve Charlotte et fait la connaissance de son fiancé Albert, un homme pour lequel il éprouve une grande estime. Bientôt, il se rendra compte de l'impossibilité de vivre son amour, refusera de briser l'amitié qu'il porte à Albert et mettra fin à ses jours. Le prénom de ce héros romantique a fait le tour du monde. Tellement même que l'expression « l'effet Werther » désigne aujourd'hui ces vagues de suicides, déclenchées à la suite de celui d'un personnage de la vie réelle ou fictive. En effet, à la sortie de ce roman épistolaire, de nombreux jeunes gens se sont identifiés à Werther et se sont donné la mort. Goethe fut dépassé par ce phénomène, tandis que pour contrebalancer les effets de cette sinistre épidémie, un auteur écrivit *Les Joies du jeune Werther*. Le livre n'eut, contrairement à celui de Goethe, aucun succès…

Vicomte de Valmont

Les Liaisons dangereuses, Choderlos de Laclos

1782

C'est le plus dangereux des héros de roman et, par conséquent, le plus irrésistible. Par jeu, par goût du libertinage, par défi aussi, le vicomte de Valmont aime séduire et faire succomber les femmes, toutes les femmes. Il s'attaque aux plus vertueuses et aime raconter ses exploits à son ancienne maîtresse et complice, la marquise de Merteuil. Ensemble, ils font un pacte : s'il obtient les faveurs de l'irréprochable Mme de Tourvel, la marquise lui ouvrira à nouveau son lit. Commence alors un long et méthodique travail de séduction. Il n'a seulement pas pensé que Mme de Tourvel n'est pas la femme qu'il imaginait et, peu à peu, éprouve pour elle un sentiment inconnu. Mais lorsque la marquise, qui pressent l'attachement de Valmont pour Mme de Tourvel, lui ordonne de rompre immédiatement, il s'exécute. L'histoire finira mal pour Valmont, la morale est sauve. Reste que le vicomte est un personnage terriblement ambigu : son âme est noire, son orgueil incommensurable, et pourtant… Les lecteurs sentent poindre, à la fin de ce roman épistolaire, comme une très légère once d'humanité.

René

François-René de Chateaubriand

1802

C'est dans une tribu indienne que René raconte pour la première fois l'histoire de sa vie. Sa mélancolie, présente depuis l'enfance, ne cesse de le tourmenter. Il pense même au suicide lorsque Amélie, sa sœur, vient à son secours. Mais soudain, cette dernière décide de prendre le voile et lui avoue ce jour-là être amoureuse de lui. René, désespéré, s'exile en Amérique et tente d'apaiser ses souffrances en se faisant adopter par la tribu des Natchez. La mystérieuse mélancolie de René, l'inguérissable « blessure de son cœur » seront les prémices de ce qu'on a appelé plus tard « le mal du siècle », apparu dans *La Confession d'un enfant du siècle* d'Alfred de Musset. En cela, Chateaubriand est le précurseur d'un nouveau mouvement littéraire : le romantisme. René, avec sa longue chevelure ébouriffée, son goût des tempêtes, sa tristesse infinie et inguérissable, incarne à lui seul la langueur de toute une génération qui ne se reconnaît plus dans la société qu'on lui propose. Mais Chateaubriand, comme son protagoniste, sait qu'il n'existe pas de remède à son désarroi. René devint pour les jeunes intellectuels un personnage envoûtant, admiré et même copié par une jeunesse désœuvrée, un héros dans lequel elle aimait à se représenter.

Fitzwilliam Darcy

Orgueil et Préjugés, Jane Austen

1813

Hautain, ténébreux, voire antipathique, voici comment Elizabeth Bennet, héroïne du plus célèbre roman de la Britannique Jane Austen, juge Mr Darcy lors de leur première rencontre. Mais l'habit ne fait pas le moine… et cet aristocrate maussade s'avérera un homme d'honneur, généreux et plein d'humanité. Fitzwilliam Darcy, un nom mythique de la littérature romantique, celui qui, contre toute attente, finira par épouser celle qui ne cesse de le tancer (qui aime bien, châtie bien !), un mariage inattendu puisque la jeune Elizabeth n'est pas, selon les critères de l'époque, une lady de son rang. Mais l'amour, selon Jane Austen, ne doit pas s'arrêter à ces simples préjugés. Finalement, Darcy est devenu à lui seul l'idéal masculin de la littérature britannique. Son intelligence, sa beauté et sa générosité font de lui le meilleur des *gentlemen*. Le roman fut de nombreuses fois adapté à l'écran. On retiendra l'interprétation éblouissante de Colin Firth pour la version de la BBC. Il y est tel que des générations de jeunes lectrices l'ont imaginé : merveilleusement taciturne !

Adolphe

Benjamin Constant

1816

Il n'a que 22 ans et s'ennuie déjà. En Allemagne, où son père l'envoie pour poursuivre de grandes études, il regarde, las, la petite société bien-pensante qui l'entoure. Il aspire à être heureux, c'est à dire amoureux, quand il rencontre Ellénore, une femme très belle, plus âgée que lui, mère de deux enfants. Il décide de l'aimer malgré les obstacles – et ils sont nombreux –, ne pense plus qu'à elle, l'objet de ses désirs devenant même obsession. Finalement, elle succombera et sacrifiera beaucoup pour Adolphe : en devenant sa maîtresse, elle abandonne ses enfants et leur père, et devient le centre d'un scandale retentissant. Mais Adolphe, pourtant victorieux, ne profite guère de cette passion dévorante : très vite, un certain désenchantement se manifeste. Aime-t-il vraiment Ellénore ? Il n'en est soudain plus tout à fait sûr, mais n'ose la quitter. On a parlé de roman autobiographique pour *Adolphe*, Benjamin Constant semblant raconter son histoire d'amour avec Mme de Staël. Comme son héros, il a ressenti *« la misère du cœur humain »*, et la souffrance de ne plus aimer celle qui vous aime encore. Un bonheur impossible et un personnage qui annonce un mouvement littéraire à venir : le romantisme.

Julien Sorel

Le Rouge et le Noir, Stendhal

1830

S'il est un nom de héros de roman à jamais célèbre, c'est bien celui de Julien Sorel. Ce jeune homme pauvre et ambitieux, grand admirateur de Napoléon, devient le précepteur des enfants de Mme de Rênal et en tombe amoureux. Mais son mari découvre l'adultère et Julien est chassé sur-le-champ. Entré au séminaire, il devient plus tard le secrétaire du marquis de La Mole et l'amant de sa fille, Mathilde. Lorsque Julien apprend qu'elle attend un enfant de lui, il se voit dans l'obligation de l'épouser. Mais une lettre de Mme de Rênal dénonçant son immoralité, met fin au projet de mariage. Fou de colère, Julien Sorel tente d'assassiner son ancienne amante en pleine messe et sera condamné à mort. Jeune homme manipulateur, prêt à tout ou presque pour assouvir ses besoins d'ascension sociale, Julien Sorel est un personnage ambigu : oui, il est arriviste mais c'est aussi un passionné qui, en tirant sur Mme de Rênal, sait déjà qu'il court à sa perte. C'est en prison qu'il comprendra l'absurdité de son arrivisme : seul compte alors son amour pour celle qu'il a tenté de tuer. Héros romantique pour les uns, antihéros opportuniste pour les autres, Julien Sorel n'en finit pas de questionner.

Quasimodo

Notre-Dame de Paris, Victor Hugo

1831

« Quasimodo, borgne, bossu, cagneux, n'était guère qu'un *à-peu-près* », c'est en ces termes que Victor Hugo présente l'un de ses personnages emblématiques. Quasimodo, le sonneur de cloches de Notre-Dame de Paris est un monstre qui souffre de son infirmité : les passants le raillent, le conspuent. Jusqu'à l'arrivée de « la Esmeralda », la douce et belle bohémienne, qui fait naître en lui un sentiment amoureux dont il ignore tout. De ce jour, l'effroyable Quasimodo devient héroïque, fera tout ce qui est en son pouvoir pour libérer sa belle des griffes du terrible Frollo. Et lorsqu'elle est injustement condamnée à mort, c'est lui qui la mènera se réfugier dans la cathédrale. Esmeralda sera pourtant pendue, et, si Quasimodo ne survivra pas à cette perte, son amour subsistera bien après la mort. Tout est là : on peut être un monstre, faire preuve d'un redoutable courage et tomber follement amoureux. Si Quasimodo est difforme, rappelle Victor Hugo, il est surtout humain, c'est-à-dire violent, jaloux, passionné et tendre. Ne nous fions pas aux apparences, elles faussent toute vérité.

Jean-Joachim Goriot

Le Père Goriot, Honoré de Balzac

1835

Comme il aime ses filles, le père Goriot. Et, à première vue, elles le lui rendent bien. À première vue seulement, car elles ne sont intéressées que par sa fortune. À force de travail, leur père est en effet devenu riche et rien n'est trop beau pour Delphine et Anastasie . Elles rêvent d'épouser des aristocrates ? Il fera en sorte qu'il en soit ainsi. Il dépense sans compter pour les rendre heureuses… jusqu'à la ruine. Balzac n'y va pas par quatre chemins pour raconter la triste histoire d'un vieil homme généreux, un père affectueux, lésé, c'est le moins qu'on puisse dire, par ses enfants. Peu à peu, le père Goriot découvrira la cupidité de ses filles, leur avidité sans fin, et sa souffrance sera intense. Quand il n'aura plus un sou, le père Goriot mourra, seul, espérant jusqu'au bout une visite de celles qui l'ont ruiné. Avec ce personnage prodigue et parfois pitoyable, Balzac attaque la société de son époque, celle qui ne croit qu'en l'argent. Le père Goriot est la victime d'un monde devenu vénal.

Eugène de Rastignac

Illusions perdues, Honoré de Balzac

1837

Est-il vraiment utile de révéler la véritable nature de Rastignac ? Son ambition est telle que ce nom de famille devenu célèbre désigne, bien sûr, un jeune loup aux dents longues. C'est le cas d'Eugène, provincial monté à la capitale pour réussir. Mais si le héros de Balzac est au départ sympathique, son tempérament se modifie au cours des années. On suivra en effet son évolution puisqu'il apparaît dans différents romans de la *Comédie humaine*, comme *Le Père Goriot* ou *La Peau de chagrin*. Peu à peu, de jeune idéaliste plein de charme, il se transforme en homme cupide, obsédé par sa réussite personnelle, prêt au pire pour arriver à ses fins. Il élimine les gêneurs et poursuit de son assiduité tous ceux qui peuvent l'aider à grimper les échelons. Finalement, Rastignac obtiendra tout ce dont il rêvait, et d'abord le pouvoir. On saura, dans *Les Comédiens sans le savoir*, sa dernière apparition dans l'œuvre de Balzac, que ses efforts seront vains : Eugène, devenu pair de France, ne trouvera pas la satisfaction espérée dans la toute-puissance.

Oliver Twist

Charles Dickens

1838

Il est orphelin, il est pauvre et son avenir promet d'être sombre. À l'âge de 11 ans, le petit Anglais Oliver Twist n'a connu que la faim et le froid. Engagé dans une entreprise de pompes funèbres, il subit tant de mauvais traitements qu'il fuit vers Londres et y fait de mauvaises rencontres. Dans cette Angleterre victorienne où les enfants miséreux doivent se battre pour subsister, Oliver Twist est un symbole : celui de l'injustice sociale au XIXe siècle. Accusé de tentative de vol, il ne peut se défendre. Battu, blessé, manipulé, enlevé, le héros de Dickens vit le pire. L'histoire, pourtant, finira bien : il sera recueilli par Mr Brownlow, son bienfaiteur, qui le soignera, le nourrira et lui donnera l'affection qui lui manquait. Mieux encore, le garçon découvrira qu'il est à la tête d'un bel héritage. Avec ce personnage loyal et foncièrement bon, Charles Dickens ne veut-il pas signifier qu'une âme pure ne saurait, malgré les épreuves, être influencée par la cruauté des hommes ? En effet, la violence, l'acharnement que subit Oliver Twist durant ses jeunes années ne le changeront jamais : il est et restera ce petit héros honnête et droit qui a bouleversé des millions de lecteurs.

Fabrice Del Dongo

La Chartreuse de Parme, Stendhal

1839

Cadet d'une riche famille milanaise, Fabrice Del Dongo est un jeune homme plein d'enthousiasme et fort naïf. Grand admirateur du général Bonaparte, il n'a qu'une hâte : le rejoindre sur le champ de bataille. Il part pour Paris, puis pour la Belgique, aux portes de Waterloo. Mais Fabrice ira de désillusion en désillusion. Blessé, accusé d'espionnage, il doit se mettre à l'abri et rentre chez lui. Il multiplie les conquêtes et un rival, jaloux, l'oblige à se battre. Il le tue. Malgré la protection et la (trop) tendre affection de sa tante, la duchesse Sanseverina, il est condamné et enfermé dans la tour Farnèse. Il y tombe follement amoureux de la fille de son geôlier, Clélia, et aura avec elle un enfant. Mais l'histoire finira mal pour lui et pour les autres… Avec ce héros, ô combien romanesque, Stendhal attaque vivement la société française de l'époque, repliée sur elle-même et réactionnaire, et brosse le portrait d'une jeunesse prisonnière de ses aînés, éprise de liberté et d'absolu.

Rodolphe

Les Mystères de Paris, Eugène Sue

1842

C'est un personnage mystérieux, une âme généreuse, un bienfaiteur. On l'appelle Rodolphe mais, caché derrière sa tenue d'ouvrier, il est en réalité le prince de Gerolstein. S'il parcourt les bas-fonds parisiens, c'est d'abord par désespoir car il croit avoir perdu sa fille. Mais bientôt, il devient justicier : à force de côtoyer la misère, il veut œuvrer pour une égalité sociale, totalement inexistante en ce milieu du XIXe siècle. Pour arriver à ses fins, il a quelques atouts : il connaît tous les milieux, des plus riches au plus miséreux, et possède une force herculéenne pour repousser les malfrats qui sévissent dans ces quartiers pauvres. Rodolphe, c'est le redresseur de torts par excellence. Eugène Sue utilise son personnage pour fustiger la politique de son époque, et, pour écrire ce chef-d'œuvre social, s'est largement documenté. Il critique vivement la noblesse qui ne s'intéresse qu'à elle, oubliant de toutes ses forces la misère qui frappe le pays. Rodolphe est tout leur contraire, un homme loyal et altruiste qui se bat pour rétablir un semblant d'équité.

Edmond Dantès

Le Comte de Monte-Cristo, Alexandre Dumas

1844

C'est l'histoire d'un homme qui, sa vie durant, cherchera à se venger. Se venger de la cruauté des hommes qui l'ont fait incarcérer quatorze ans durant au château d'If, à Marseille. Edmond Dantès est accusé à tort d'être un agent bonapartiste, alors que sa seule faute est d'être tombé amoureux d'une femme convoitée par un autre. Mais il réussit à s'évader et, grâce à un trésor retrouvé au château de Monte-Cristo, il devient riche. Il peut alors parvenir à ses fins et punir ses rivaux, aidé par sa force herculéenne, son intelligence aiguisée et son irrésistible charme. Un vrai personnage de romans d'aventures comme les aimait Alexandre Dumas : raffiné lorsqu'il côtoie le grand monde, redoutable quand la situation l'exige, c'est l'homme aux mille visages, celui qui dénonce l'inégalité et les abus de pouvoir. De nombreux réalisateurs ont eu bien sûr envie d'en faire un héros de film. Jean Marais, Gérard Depardieu, entre autres, ont incarné Edmond Dantès, le vengeur masqué.

D'Artagnan

Les Trois Mousquetaires, Alexandre Dumas

1844

Inspiré par les mémoires de Charles de Batz de Castelmore, dit d'Artagnan, le héros d'Alexandre Dumas est un jeune homme enthousiaste et ambitieux d'origine gasconne. Il aspire à devenir mousquetaire et se rend à Paris pour réaliser son rêve. C'est là qu'il rencontre par hasard ceux qui deviendront ses fidèles compagnons : Athos, Porthos et Aramis. À eux quatre, ils vont déjouer un complot fomenté par le cardinal de Richelieu contre la reine, épouse de Louis XIII. Amoureux de Constance Bonacieux, la femme de son propriétaire, il tentera, en vain, de la sauver des griffes des hommes de main du cardinal et de la terrible Milady. Incarnation de la droiture, de la générosité et du courage, d'Artagnan est devenu le plus populaire des personnages romanesques du XIXe siècle. Cet homme d'honneur, toujours prompt à croiser le fer pour la bonne cause, sera le héros de bon nombre d'adaptations au cinéma et à la télévision : son humour et son tempérament haut en couleur en font le parfait protagoniste d'œuvres de cape et d'épée, genre littéraire très populaire au XIXe siècle.

Heathcliff

Les Hauts de Hurlevent, Emily Brontë

1847

Plus qu'un simple héros de roman, Heathcliff est un mythe. Le plus célèbre de la littérature britannique du XIXe siècle. Il devrait être haï par les lecteurs des *Hauts de Hurlevent* tant il est mauvais, sombre, manipulateur. Et pourtant… Un cœur bat fort derrière cette armure ombrageuse ! Oui, Heathcliff aime, passionnément, Catherine qu'il connaît depuis l'enfance. Ce petit bohémien des rues de Liverpool a, en effet, été adopté par Mr Earnshaw, le père de la jeune fille. Immédiatement détesté par le fils aîné de son protecteur, Heathcliff n'aura de cesse de se venger de tous ceux qui l'ont méprisé et particulièrement les membres de cette haute société qui ont toujours refusé de l'accepter parmi les leurs. Personnage tourmenté, violent et colérique, il ne se remettra jamais de la mort de la seule femme qu'il ait jamais aimé. Sentimental donc, mais aussi cruel, Emily Brontë a toutefois voulu faire le portrait d'un idéaliste, inspiré par son propre frère Branwell, jeune peintre talentueux qui sombrera dans l'alcoolisme avant de mourir de la tuberculose. Heathcliff, profondément mélancolique, incompris sans doute, demeure le symbole même des héros romantiques et torturés.

Armand Duval

La Dame aux camélias, Alexandre Dumas fils

1848

Héros, vraiment ? Antihéros plutôt ! Armand Duval est un jeune provincial sans grande personnalité. Il ne brille pas particulièrement dans le grand monde quand il tombe follement amoureux d'une courtisane célèbre : Marguerite Gautier. Elle succombera bientôt à ce soupirant romantique, abandonnant pour lui sa vie luxueuse, mais devra finalement se sacrifier, le père du jeune homme lui demandant secrètement de rompre pour sauver l'honneur de la famille. Armand ne comprendra rien à ce soudain revirement et, blessé dans son amour-propre, ne lui pardonnera pas. Armand Duval est un égoïste, un orgueilleux qui ne voit pas plus loin que le bout de son nez. Certain d'avoir été trahi, il comprendra bien trop tard l'abnégation de Marguerite. Mettons ce tempérament excessif sur le compte de sa jeunesse ou de son manque d'expérience. Il ne sort pas grandi de ce roman, contrairement à sa bien-aimée, héroïne sublime, victime de la tuberculose, mais surtout d'une société bourgeoise hantée par les préjugés.

Tom

La Case de l'oncle Tom, Harriet Beecher Stowe

1852

Il est bien plus qu'un héros de roman. L'oncle Tom est un symbole, celui de la lutte contre l'esclavage. Célébrissime dans le monde entier, et particulièrement aux États-Unis, il incarne à lui seul les conditions de vie de ces Afro-Américains devenus bêtes de somme sous l'autorité de riches propriétaires terriens. Le vieux Tom, lui, est un homme courageux, très religieux. Un sage bien traité par son maître jusqu'à ce que celui-ci soit obligé de le vendre. Il connaît alors le pire, passant sous la coupe de différents tyrans, toujours plus violents, toujours plus inhumains. Mais sa foi reste intacte jusqu'au bout. Il sera battu à mort et pardonnera même à ses bourreaux qui, impressionnés, deviendront à leur tour chrétiens. L'impact de ce roman et de son héros martyr fut immense en ce milieu de XIXe siècle. On a beaucoup répété qu'ils contribuèrent au déclenchement de la guerre de Sécession, puis à la fin de l'esclavage. Abraham Lincoln rencontrant l'auteur du livre, Harriet Beecher Stowe, n'a-t-il pas dit : *« C'est donc cette petite dame qui est responsable de cette grande guerre ? »*

Henri de Lagardère

Le Bossu, Paul Féval

1857

Il fallait au moins un Lagardère pour déjouer les complots fomentés par le terrible Philippe de Gonzague durant la Régence. Jeune, beau, brillant et courageux, passé maître dans l'art de l'escrime, Henri de Lagardère est un justicier de haute volée. Mais pour défendre les causes les plus injustes, il lui faut se déguiser : le voici soudain vieillard bossu, méconnaissable, capable, grâce à ce travestissement, de s'informer et de contrecarrer les plans de ses ennemis. Témoin d'un piège tendu au duc de Nemours, il lance à l'assassin de celui-ci, Philippe de Gonzague, une réplique restée célèbre : *« Si tu ne viens pas à Lagardère, Lagardère ira à toi. »* Protecteur de la fille du duc, il fera tout ce qui est en son pouvoir pour qu'elle puisse hériter des biens de son père et, bien sûr, en un ultime coup de théâtre, il démasquera Gonzague qui espérait bien détourner cette fortune. Il tuera le traître grâce à sa fameuse « botte de Nevers » (un coup porté entre les deux yeux). Formidable personnage, admiré par toutes les générations, Lagardère est avec d'Artagnan l'emblématique héros des livres de cape et d'épée.

Jean Valjean

Les Misérables, Victor Hugo

1862

Drôle de vie que celle de ce héros connu de tous. Une enfance miséreuse, un pain dérobé, et voici Jean Valjean condamné au bagne. Dix-neuf ans durant, il va subir les pires sévices. Ces années terribles où il ne côtoie que le mal font de lui un homme cruel et haineux. Enfin libéré, il croise un prêtre qu'il vole. Mais l'ecclésiastique, plutôt que de l'accuser, le sauve. Bouleversé par ce geste charitable, Jean Valjean changera du tout au tout. Il deviendra plus tard M. Madeleine, un homme charitable et riche qui recueille Fantine et, à la mort de cette dernière, accepte d'élever sa fille Cosette. Il retournera au bagne, s'évadera et sera sans cesse poursuivi par l'inspecteur Javert. La vie de Jean Valjean ne sera qu'un long va-et-vient entre la lumière et les ténèbres. Victor Hugo veut en faire le symbole d'une certaine rédemption. Son esprit éclairé, sa volonté de lutter contre toutes les injustices, à commencer par celles qui le touchent, font de lui un personnage à part, lui, le misérable, qui à force de réflexion, de sagesse et d'altruisme, devient le meilleur des hommes, pour ainsi dire un saint.

Le baron de Sigognac

Le Capitaine Fracasse, Théophile Gautier

1863

Le baron de Sigognac est un jeune homme pauvre, issu de l'aristocratie gasconne. Il vit dans le château de ses ancêtres, une bâtisse délabrée, au bord de la ruine. Lorsqu'une troupe de théâtre ambulant lui demande l'asile pour une nuit, il découvre un monde inconnu. Les comédiens lui proposent de les suivre dans leur tournée et le déguisent : avec ce demi-masque, il sera le Capitaine Fracasse ! Bien vite, il tombe amoureux d'une jeune actrice, Isabelle, et pour elle, dévoilera à tous son courage et son parfait maniement de l'épée. En effet, elle manque d'être enlevée par le terrible duc de Vallombreuse, et le baron la sauvera des griffes du méchant homme. Quelques rebondissements plus tard, le Capitaine Fracasse et sa belle pourront se marier. Les lecteurs feront, à la sortie du livre, un triomphe à ce personnage pittoresque, d'abord passif dans son vieux château, puis soudain intrépide et volontaire. C'est Jean Marais, qui, après avoir été *Le Bossu*, incarnera *Le Capitaine Fracasse* dans le film de Pierre Gaspard-Huit en 1961.

Des Touches

Le Chevalier des Touches, Jules Barbey d'Aurevilly

1864

Il a bel et bien existé ce chevalier des Touches ! Barbey d'Aurevilly l'a même rencontré ! Mais le personnage de fiction n'a en fait pas grand-chose à voir avec ce Jacques Destouches de La Fresnay, mort, fou, en 1858 dans un hôpital psychiatrique où il passera les trente-deux dernières années de sa vie. Barbey, grand admirateur de la Chouannerie, la guerre civile qui opposa, après la Révolution française, les républicains et les royalistes dans l'ouest de la France, a en quelque sorte voulu rendre hommage à ces combattants. Il choisit le chevalier des Touches comme symbole de cette résistance, idéalisant ce garçon bien moins beau, bien moins courageux qu'il ne l'était en réalité. Qu'importe ! Dans le roman, le chevalier ne vit que pour sa cause, croise le fer avec brio, se bat avec ferveur et courage. Mais très vite, il se transforme en un être cruel, assoiffé de sang. L'ingratitude de ses supérieurs, l'échec de la Chouannerie, ses déboires incessants, ont eu raison de ce héros flamboyant : comme son modèle, il finira enfermé dans un asile.

Andrei Nikolaievich Bolkonsky

Guerre et Paix, Léon Tolstoï

1867

Il est sans doute le héros le plus complexe du chef-d'œuvre de Tolstoï, un homme blessé, parfois cynique, le plus souvent admirable, un aristocrate qui attend des autres comme de lui-même la perfection en toute chose. Hélas, sa vie sera émaillée de drames, de déceptions, de désenchantements. Veuf – sa femme meurt en couches –, il tombera amoureux de Natasha Rostova qui le quittera bientôt pour un autre. Grand admirateur de Napoléon, il le rencontrera sur le champ de bataille, mais l'empereur ne lui inspirera que défiance. Sa lucidité sur la société qui l'entoure devient alors source de grande angoisse. Finalement, il apprendra à se détacher du monde, comprendra que la perfection dont il rêve ne peut exister et mourra en soldat, dans la paix. Léon Tolstoï en fait un idéaliste qui, grâce aux épreuves traversées, parvient à se réconcilier avec les autres et avec lui-même. Personnage magnifique, admirable même, aristocrate d'un autre temps, il demeure l'un des protagonistes les plus attachants de la littérature russe du XIXe siècle.

Daniel Eyssette

Le Petit Chose, Alphonse Daudet

1868

Sa vie avait pourtant bien commencé : le petit Daniel est né dans une famille aisée, choyé par ses parents quand survient le drame. L'usine du père fait faillite, et voilà les Eyssette obligés de s'installer à Lyon. Daniel entre dans un nouveau collège où on le méprise parce qu'il est pauvre. Son surnom de Petit Chose naît ici : « petit » parce qu'il est haut comme trois pommes, « chose » parce qu'on ne se souvient jamais de son nom. Il deviendra par la suite surveillant dans une école, où il découvre la vraie méchanceté, puis s'enfuira à Paris retrouver son frère Jacques, dans l'espoir de devenir un grand poète. Personnage ambigu parce que persécuté, mais aussi lâche, quelquefois narcissique, et très certainement ingrat vis-à-vis de son frère qui travaille comme un forcené pour le faire vivre, le Petit Chose, symbole de ces êtres qui jamais ne parviennent à entrer dans l'âge adulte, a pourtant ému des millions de lecteurs. On a beaucoup dit que Daniel Eyssette était le double d'AlphonseDaudet, tant de nombreux éléments biographiques semblent les rapprocher. Mais si l'un ne percera jamais comme écrivain, le second laissera derrière lui une œuvre considérable.

Prince Mychkine

L'Idiot, Fiodor Dostoievski

1869

Il est presque un homme idéal : le prince Mychkine est bon, bienveillant, plein de compassion. Il comprend les êtres, même les plus vils et ne connaît que le pardon. Un individu comme celui-ci, doté d'une telle dimension christique, peut-il alors subsister dans la société ? Son entourage, troublé par tant de candeur, ne voit en lui rien d'autre qu'un idiot, un imbécile. Personne pour admettre l'intelligence du cœur qui illumine tout entier le jeune prince. Après tout, est-il vraiment sain d'esprit, ce jeune homme tout juste sorti de l'hôpital psychiatrique où il a reçu un traitement contre l'épilepsie ? Le prince Mychkine, humble et attentionné, est donc confronté à une société corrompue qui, à son contact, se sent pourtant troublée, déstabilisée. L'histoire finira mal pour tous les protagonistes ou presque. Le prince Mychkine, quant à lui, incapable de surmonter les épreuves qui lui sont infligées, s'en retournera dans son institution suisse où, enfermé pour toujours, il demeurera aux yeux de tous « l'idiot ».

Frédéric Moreau

L'Éducation sentimentale, Gustave Flaubert

1869

Comme on aimerait s'attacher à Frédéric Moreau ! Hélas, ce jeune homme de 18 ans, riche, frétillant et plein d'illusions ne sera que déception ! Venu à Paris faire, vaguement, des études de droit, il montre rapidement son vrai visage : un garçon sans grande envergure, à l'esprit étroit, médiocre. Il rencontre un jour une femme et *« ce fut comme une apparition »*. Celle qu'il croît être son grand amour est la sage Mme Arnoux, une femme mariée, et donc inaccessible. Il semble en souffrir mais sa recherche constante de plaisirs, son envie de grimper les échelons de la société le fait courtiser des demoiselles de bonne famille. Frédéric traverse l'histoire de son pays sans y prendre vraiment part, tente de participer à la vie politique de son époque sans grande passion et sans grande volonté. Spectateur de son temps, il n'agit jamais et finira sa vie ruiné, désenchanté. Le pessimiste Gustave Flaubert voit en lui bien plus qu'un simple personnage, l'illustration de l'échec d'une génération, lâche et pleutre, trahissant ses idéaux et ratant son rendez-vous avec l'Histoire.

Tom Sawyer

Les Aventures de Tom Sawyer, Mark Twain

1876

Orphelin, le jeune Tom Sawyer a été recueilli par sa tante Polly et vit sur les bords du Mississippi. Il aime l'école… buissonnière et se plaît à parcourir les alentours, accompagné de son meilleur ami Huckleberry Finn, plutôt que d'endurer les cours d'arithmétique. Il bat la campagne, résout des énigmes et n'oublie jamais d'être drôle. Plein d'imagination, malicieux et impertinent, amoureux aussi de la jolie Becky, Tom ne cesse de s'opposer aux adultes. Car la volonté de Mark Twain, dans ce roman largement autobiographique, est aussi de montrer l'abîme entre grands et petits : le conformisme des premiers, le besoin de liberté des seconds. Tom Sawyer est un justicier, drôle et aventurier, qui ose agir, sauve des innocents, démasque les coupables, mais n'est pas pour autant un parangon de vertu ! Car Mark Twain n'a pas voulu en faire un héros parfait, encore moins un saint, seulement un gamin espiègle fustigeant l'hypocrisie et l'inertie ambiantes. C'est en cela que Tom est devenu si populaire dans le monde entier : les plus jeunes – et les adultes ayant gardé leur âme d'enfant – ont tous voulu un jour lui ressembler.

Michel Strogoff

Jules Verne

1876

C'est un colosse, un héros surhumain et cela depuis l'adolescence. À 14 ans, Michel Strogoff, fils d'un chasseur sibérien, tue à coups de couteau son premier ours ! Devenu capitaine au corps des courriers du tsar, il est cette fois chargé d'une mission périlleuse, faire parvenir à temps une lettre du souverain à son frère, le grand-duc, pour l'avertir de l'arrivée imminente des Tartares venus envahir la Sibérie. Il parcourt à cheval les plaines glaciales, tombera amoureux de la jeune Nadia, verra le terrible Ivan Ogareff, chef des Tartares, prendre sa propre mère en otage, réussira à la sauver, aura les yeux brûlés par un sabre chauffé à blanc tendu par un adversaire, deviendra aveugle, mais, bien entendu, ira jusqu'au bout de sa mission : rien ne pourra jamais l'arrêter. Que d'aventures pour cet extraordinaire personnage, le plus courageux et le plus mythique de tous les héros de Jules Verne. Il est d'ailleurs devenu une légende, et pas seulement dans l'Hexagone où les lecteurs l'acclament depuis plus d'un siècle !

Jacques Vingtras

L'Enfant, Jules Vallès

1881

Personnage principal d'une trilogie comprenant *L'Enfant*, *Le Bachelier* et *L'Insurgé*, le premier tome du roman suit Jacques Vingtras de l'enfance à l'âge de 17 ans. Le petit garçon vit dans une ambiance délétère. Sa mère, une fille de paysans venue à la ville, le fouette tous les matins, persuadée, en agissant ainsi, de ne pas en faire un enfant gâté. Son père, qui a réussi laborieusement à devenir professeur, est un personnage aigri et lui aussi violent. Jacques ne reçoit pas d'amour de ses géniteurs, trop occupés à renier leurs origines populaires, sacrifiant tout pour tenter de s'élever dans la société. L'enfant, lui, est au contraire admiratif du courage des prolétaires et, lorsqu'il annonce à son père son désir de devenir ouvrier, la rupture est inévitable. Dans ce roman réaliste et très largement autobiographique, tout oppose le père et le fils. Une haine réciproque qui poussera le père à menacer son propre enfant de le faire envoyer en prison s'il ne poursuit pas ses études. Vallès dédiera son roman « *À tous ceux qui crevèrent d'ennui au collège ou qu'on fit pleurer dans la famille, qui, pendant leur enfance, furent tyrannisés par leurs maîtres ou rossés par leurs parents* ».

Jim Hawkins

L'Île au trésor, Robert Louis Stevenson

1882

Il avait tout pour devenir le héros d'aventures par excellence : Jim a environ 14 ans, il est bon, naïf, courageux et d'un optimisme à toute épreuve. Après la mort de son père, il découvre dans un coffre une carte : elle indique où se trouve un trésor ! Mais il n'est pas le seul à vouloir le retrouver. C'est le début d'une grande aventure. Jim, candide mais volontaire, devra affronter d'affreux pirates, résoudre des énigmes alambiquées, et réalisera, stupéfait, que celui qu'il considère comme son mentor, l'unijambiste Long John Silver, est en réalité l'instigateur de la mutinerie orchestrée sur sa goélette. Si Jim Hawkins a tant fasciné ses lecteurs, c'est sûrement parce qu'il est d'une incroyable débrouillardise et que sa gentillesse, sa totale absence de malice, est pour le moins inspirante. Capable de se battre, et même de tuer (en état de légitime défense tout de même), il sait aussi pardonner. Et, lorsque Long John Silver réussira à s'échapper en emportant avec lui une partie du trésor, Jim ne lui en tiendra même pas rigueur.

Octave Mouret

Au Bonheur des Dames, Émile Zola

1883

Personnage incontournable de l'œuvre d'Émile Zola, Octave Mouret fut déjà le héros de *Pot-Bouille*. Dans le *Bonheur des Dames*, le voici veuf. Sa femme, Caroline Bédouin, fille des fondateurs d'un grand magasin est morte et l'a fait son héritier. Octave voit grand, il rachète presque tout le quartier pour agrandir encore et encore Le Bonheur des Dames, mettant en pratique sa conception du nouveau commerce. Vivre dangereusement est sa seule façon d'exister, et on le croit cent fois fini tant ses dépenses sont extravagantes, Mouret, lui, n'a pas peur. Il est cet homme courageux qui regarde vers l'avenir et dont la réussite est incontestable. Élégant, presque féminin, beau parleur et d'une ambition surdimensionnée, il comprend les femmes et les envoûte, mais tombera amoureux d'une seule d'entre elles, Denise, jeune et sage vendeuse. Elle acceptera enfin de l'épouser et fera en sorte que le personnel du magasin ait enfin une protection sociale. Octave Mouret, c'est le capitaliste du Second Empire : un chef d'entreprise qui, soit, dévore les petits commerçants alentours, mais est aussi un patron avant-gardiste, soucieux de l'avenir de ses employés.

Jean des Esseintes

À rebours, Joris-Karl Huysmans

1884

Il a 30 ans et a déjà beaucoup vécu, peut-être même beaucoup abusé des plaisirs de la vie. Soudain, le jeune duc des Esseintes aspire à changer du tout au tout et part s'isoler dans une maison de la banlieue parisienne pour y bâtir une vie telle qu'il la rêve. Dans la solitude, il espère soigner ses maux physiques et psychiques. Il emporte avec lui les livres qu'il admire, des œuvres de poètes latins décadents mais aussi les vers de Verlaine ou de Mallarmé, expose les objets les plus précieux, crée un jardin de fleurs vénéneuses, hume de capiteuses fragrances. Dans cette cage qu'il s'est lui-même construite, des Esseintes sent revenir la foi qu'il avait perdue et se plonge entièrement dans la littérature catholique tout en se sentant aux prises à des obsessions sexuelles. Étrange mystique que ce personnage qui fut inspiré à son auteur par l'écrivain Robert de Montesquiou, même si l'on trouve de nombreuses ressemblances avec Huysmans lui-même, ses goûts littéraires, picturaux par exemple. Des Esseintes restera dans la littérature comme le héros emblématique du dandysme et de la décadence.

Georges Duroy

Bel-Ami, Guy de Maupassant

1885

Les ambitieux font de bons héros de roman. Et Georges Duroy, surnommé Bel-Ami par la fille de l'une de ses maîtresses, en est un bon exemple. Ce jeune provincial désargenté, ancien sous-officier, parviendra à grimper tous les échelons de la société grâce à un impressionnant pouvoir de séduction, un cynisme stupéfiant et un spectaculaire arrivisme. Sans talent particulier, il deviendra d'abord journaliste, puis homme politique, un personnage incontournable de la vie parisienne. Il sera surtout aidé par les femmes qui l'entourent, épouses de ses amis, prostituées ou jeunes femmes naïves, toutes utilisées pour mieux asseoir sa réussite. Un Rastignac nouvelle manière, témoin de la corruption qui sévit à l'époque dans les milieux journalistiques, financiers ou politiques. L'immoralité de Georges Duroy, bientôt rebaptisé baron Georges du Roy de Cantel, est pour Maupassant le symbole même de cette deuxième partie du XIXe siècle où s'enrichissent les plus vils, où séduction et faconde suffisent à triompher d'un monde sans foi ni loi.

Étienne Lantier

Germinal, Émile Zola

1885

Fils de Gervaise, Étienne Lantier apparaît dans quatre des romans de la série des Rougon-Macquart. Mais c'est dans *Germinal* qu'il devient personnage culte. Jeune homme assoiffé de justice, il trouve du travail dans les mines de Montsou et prend conscience des terribles conditions de travail des gueules noires : les hommes s'épuisent, étouffent, sont mal logés et mal nourris. Mais la peur du chômage leur fait tout accepter. Étienne Lantier, malgré sa jeunesse et son manque d'expérience, s'insurge et sera l'instigateur d'une grève qui finira tragiquement. C'est tout le paradoxe de ce héros : désintéressé, croyant dur comme fer à une justice sociale possible, mais entraînant ses compagnons dans une lutte qui s'avérera perdue d'avance. Étienne est, à ce titre, l'exact opposé d'Antoine Chaval, autre mineur qui, lui ne se bat que dans son propre intérêt. L'acharnement de cet altruiste de Lantier ne sera pourtant pas vain, et, si la situation de ses camarades ne semble guère changer, il pressent que demain est un autre jour : l'avenir lui donnera-t-il raison ?

Dorian Gray

Le Portrait de Dorian Gray, Oscar Wilde

1890

Jeune dandy londonien d'une exceptionnelle beauté, Dorian Gray est un garçon naïf, n'ayant aucune conscience de ses attraits physiques. Mais, lorsque le fameux peintre Basil Hallward exécute son portrait, il tombe littéralement amoureux de lui-même et s'exclame : *« (…) si c'était moi qui toujours devais rester jeune, et si cette peinture pouvait vieillir ! »* Son vœu sera exaucé et son comportement changera du tout au tout. De doux jeune homme, il devient alors corrompu et cynique, une cruauté qui le mènera à la folie meurtrière. Dorian Gray ne vieillit pas, pas une seule ride ne vient marquer son visage malgré le temps qui passe, tandis que le tableau qui le représente – et qu'il dissimule – affiche tous les stigmates de sa vie de débauche. Avec ce personnage à la fois sublime et effrayant, Oscar Wilde condamne le culte de la beauté et de la jeunesse éternelles. À l'image de Dorian Gray, quel monde superficiel que celui-ci : uniquement fondé sur les apparences, une société terrifiée à l'idée de vieillir. Une dérive qui, cent trente ans après la publication du roman, semble toujours d'actualité.

François Lepic

Poil de Carotte, Jules Renard

1894

C'est un enfant mal aimé qui devra le plus souvent apprendre à se débrouiller seul. François Lepic, surnommé Poil de Carotte car ses cheveux sont roux et ses joues parsemées de taches de rousseur, n'a pas été désiré par ses parents. Son père n'est qu'indifférence, sa mère ne ressent aucune affection pour ce petit dernier, pire, le méprise. Benjamin d'une fratrie de trois, il est impuissant devant la méchanceté des adultes, subit sans mot dire les punitions de Mme Lepic, devient lui-même féroce avec les animaux, manière tout enfantine de se venger du mal qu'on lui fait. La vie de Poil de Carotte, c'est le règne de l'injustice : il reçoit moins de nourriture que ses aînés, est bien plus souvent giflé que les autres et beaucoup moins gâté. Jules Renard est-il François Lepic ? Rien n'est moins sûr, même si les biographes rappellent que son enfance ne fut pas une partie de plaisir. Ce personnage l'obsédera pourtant toute sa vie, lui le grand écrivain, l'auteur dramatique à succès, l'irrésistible diariste, qui malgré tous les honneurs reçus de son vivant, demeurera longtemps un petit garçon triste.

Jude Fawley

Jude l'Obscur, Thomas Hardy

1895

Dans le sud-ouest de l'Angleterre, Jude Fawley est un simple maçon, mais croit en un avenir plus glorieux. Il rêve de devenir professeur et étudie sans relâche le latin et le grec. Hélas, il n'arrivera jamais à franchir les portes de l'université qu'il convoite : ses portes lui seront pour toujours fermées. Mais le voici bientôt attiré par les plaisirs de la chair : une femme l'ensorcelle, il l'épouse, mais elle le quitte et part pour l'Australie. Il rencontrera bientôt sa cousine Sue, jeune femme libre et intelligente, avec qui il vivra en concubinage au grand dam de la bonne société victorienne et davantage encore de l'Église, que le couple critique vivement. Jude ira de déconvenue en déconvenue, il sera pour toujours du côté obscur : sa vie professionnelle et amoureuse est un ratage complet et il ne parviendra jamais à atteindre le bonheur. Ce personnage, trop scandaleux pour les valeurs morales intransigeantes de cette époque, sans doute trop moderne pour cette fin de XIXe siècle, demeure dans les mémoires comme une victime, non seulement de son temps mais aussi de lui-même.

Ramuntcho

Pierre Loti

1897

C'est un jeune homme heureux qui rentre chez lui, dans son cher Pays basque, après trois ans de service militaire. Il va enfin, croit-il, épouser celle qu'il aime, la ravissante Gatchutcha (Gracieuse). C'est sans compter sur la mère de celle-ci qui jamais ne donnera la main de sa fille à un bâtard. Oui, Ramuntcho est né de père inconnu et cette fatalité sera la fin de ses illusions. Gracieuse ne pourra pas l'attendre et sera obligée d'entrer au couvent. Elle deviendra pour toujours sœur Marie-Angélique, fidèle à sa manière : si elle ne peut faire sa vie avec Ramuntcho, elle se donnera à Dieu et à lui seul. Ramuntcho, désespéré, repartira en mer, loin, très loin, pour oublier cet amour impossible. Pierre Loti est un amoureux du Pays basque. Avec ce personnage typique de la région, respectueux des coutumes ancestrales, contrebandier comme un grand nombre de ses congénères, mais aussi joueur de pelote, il raconte une terre et ses paysages éblouissants, presque exotiques pour tous ceux qui, en cette fin du XIXe siècle, ne connaissaient rien des us et coutumes de cette contrée.

Jim

Lord Jim, Joseph Conrad

1899

Il aspire à une vie d'aventures, rêve de voyages. En embarquant sur le Patna, un navire de marine marchande, Jim, un jeune officier, voit son avenir tout tracé : il parcourra le monde. Mais le bateau manque de sombrer et Jim abandonne les passagers pour sauver sa peau. Pour cette faute, il sera jugé et condamné. Cette culpabilité, immense et inguérissable, collera à la peau du héros sa vie durant. Après avoir effectué de multiples petits métiers plus ingrats les uns que les autres, il partira en Asie du Sud-Est et jusqu'à ses derniers jours n'aura de cesse de réhabiliter son honneur. Héros déchu, Lord Jim, comme on le surnomme à présent, règne sur le commerce de l'archipel malais et semble avoir vaincu ses angoisses. Il est amoureux d'une jeune Eurasienne, et la sérénité revient peu à peu quand son passé le rattrape. Impossible de lui échapper. Lord Jim file tout droit vers son destin : il mourra en héros, expiant ainsi sa faute originelle. Être complexe et ambigu, loin des personnages chevaleresques auxquels nous avait habitués la littérature de l'époque, Lord Jim demeure, dans son éternelle quête de gloire mêlée à sa honte de vivre, un personnage bouleversant.

Sherlock Holmes

Le Chien des Baskerville, Conan Doyle

1902

Héros de Conan Doyle dans quatre romans et cinquante-six nouvelles, les lecteurs sont devenus des habitués de Sherlock Holmes, ce détective privé original et perspicace, violoniste à ses heures, toujours accompagné de son incontournable compère, le fidèle docteur Watson. À Londres, au 221B Baker Street, adresse légendaire devenue musée, Sherlock Holmes élucide les affaires les plus tarabiscotées sans jamais perdre son flegme. C'est, ne l'oublions pas, un Anglais pur jus ! Rien ne semble trop difficile pour ce personnage à la voix haut perchée qui, dit-on, conclut toujours les énigmes par sa célèbre phrase : *« Élémentaire mon cher Watson »* (c'est une légende, Doyle ne l'a jamais écrite !) Élémentaire pour lui sans doute, moins pour ses lecteurs, ébahis par son intuition et ses fines analyses comme dans *Le Chien des Baskerville*, l'œuvre la plus lue de son créateur. Toujours tiré à quatre épingles, costume de tweed, redingote et casquette de tweed, son éternelle pipe vissée à la bouche, il est l'un des héros de romans policiers les plus populaires de tous les temps, souvent copié, jamais égalé !

Arsène Lupin

Arsène Lupin, Gentleman cambrioleur, Maurice Leblanc

1905

« C*'est le plus grand des voleurs, oui, mais c'est un gentleman. Il s'empare de vos valeurs sans vous menacer d'une arme…* » La chanson de Jacques Dutronc pour le générique du feuilleton, tiré du roman de Maurice Leblanc, est un parfait résumé du personnage. Arsène Lupin vole, c'est incontestable, mais avec chic et élégance ! Dans les années folles, il sévit dans les milieux huppés, escroquant la bonne société dans laquelle il s'immisce, déguisé chaque fois en un personnage différent. Séducteur, il est aimé des femmes ; esthète, il est amateur d'art ; Robin des Bois nouvelle manière, il ne vole que les riches et porte secours aux plus démunis. Héros hautement populaire, ses exploits sont suivis avec avidité par ses lecteurs à travers les dix-huit romans, trente-neuf nouvelles et cinq pièces de théâtre dont il est le protagoniste. Sa notoriété a perduré grâce, bien sûr, au feuilleton télévisé dont le comédien Georges Descrières tenait le rôle-titre de 1971 à 1974, et, plus récemment, dans une adaptation modernisée de ses aventures avec Omar Sy en tête d'affiche.

Rouletabille

Le Mystère de la chambre jaune, Gaston Leroux

1907

Joseph Joséphin, dit Rouletabille, parce que sa tête est *« ronde comme un boulet »* est un jeune reporter au journal *L'Époque*, malin comme un singe, capable de dénouer les enquêtes les plus délicates, parfois même les plus inextricables. Gai comme un pinson et parfois grave, il se fie à son instinct qui, semble-t-il, est extrêmement développé. Pour son journal, Rouletabille voyage dans le monde entier et, chaque fois, fait vivre à ses admirateurs de formidables aventures. Il apparaît dans huit romans de Gaston Leroux, le maître de la littérature populaire du début du XXe siècle, et c'est dans *Le Mystère de la chambre jaune* que le lecteur fait pour la première fois sa connaissance. Il est immédiatement célébré tant sa jeunesse (il a 16 ans), ses méthodes implacables et son originalité détonnent dans le paysage littéraire de l'époque. Par bien des aspects, on peut le rapprocher du personnage de Tintin, qui sera créé par Hergé dix-huit ans plus tard. On ne se méfie jamais assez de ce petit bonhomme fumant pipe sur pipe : il ne paie peut-être pas de mine, mais coiffe toujours sur le poteau les plus habiles inspecteurs de police !

Martin Eden

Jack London

1909

Il n'est qu'un marin pauvre lorsqu'il tombe amoureux de Ruth Morse, bourgeoise californienne, raffinée et cultivée. Tout les sépare et pourtant ils veulent y croire. Pour les beaux yeux de sa belle, Martin Eden étudie encore et encore, devient même affamé de culture et décide de devenir écrivain. Il ne se consacre qu'à son art mais n'obtient aucune reconnaissance. Ruiné puisqu'il refuse tout autre travail que celui de l'écriture, il vit tel un mendiant quand soudain ses textes rencontrent le succès. Le voici célébré par tous ceux qui, hier encore, lui tournaient le dos. Roman autobiographique, même si longtemps Jack London s'est refusé à l'avouer, Martin Eden est ce personnage désenchanté, incapable de savourer son triomphe quand il comprend que tout n'est qu'apparence : s'il devient attirant, c'est parce que la vie commence à lui sourire. Écœuré par cette mentalité petite-bourgeoise qui préfère le profit et le paraître au talent, déçu par Ruth qui n'était au fond attirée que par ses origines modestes, il refusera de se laisser enfermer dans des cases et préférera se laisser mourir plutôt que de se perdre lui-même.

Gustav von Aschenbach

La Mort à Venise, Thomas Mann

1912

Gustav von Aschenbach est un célèbre écrivain munichois qui se consacre entièrement à son œuvre. Trop peut-être. Épuisé, en mal d'inspiration, il décide de partir en voyage et passe par Venise, ville qui, pourtant, le met mal à l'aise. Il y rencontre des personnages un peu effrayants jusqu'à ce que ses yeux se posent sur un jeune homme de 14 ans à la beauté divine. Il s'agit de Tadzio, jeune Polonais venu en vacances dans la cité des Doges avec sa famille. Tadzio devient pour Aschenbach une obsession. Il ne peut s'empêcher de l'épier et le suit même partout, totalement envoûté, hypnotisé par sa splendeur. Cet amour platonique, mais pour le moins pervers, l'effraie autant qu'il le fascine. Même l'épidémie de choléra, qui sévit alors à Venise, ne le contraindra pas à fuir. Il n'y survivra pas et mourra, seul, sur la plage du Lido, contemplant une dernière fois l'objet de ses désirs. Le film *Mort à Venise* de Luchino Visconti, sorti en 1971, et l'interprétation magistrale du comédien britannique Dirk Bogarde, contribuèrent à la popularité toujours plus grandissante de ce roman tragique et de son fiévreux protagoniste.

Augustin Meaulnes

Le Grand Meaulnes, Alain-Fournier

1913

C'est parce qu'il a tant souffert par la faute d'une jeune fille qu'Alain-Fournier s'est décidé à écrire cette histoire d'amour et d'aventure, de passion et de drame, aux frontières du merveilleux. Augustin Meaulnes n'est pas un adolescent comme les autres : fiévreux et orgueilleux, sauvage et indocile, il émane de son être une aura fantastique. Un jour qu'il se sent humilié par un professeur, il s'enfuit et rencontre par hasard Yvonne de Galais dans une fête costumée, presque irréelle, et en tombe follement amoureux. Ils se sont à peine parlé, mais c'est une évidence, ils sont faits l'un pour l'autre. Hélas, elle a disparu, il faut la retrouver, retracer le chemin tortueux qui le mènera jusqu'à elle. Ce roman de l'adolescence, où les adultes ne jouent aucun rôle, ne pouvait que séduire la jeune génération. L'innocence perdue, la souffrance, la passion meurtrie du grand Meaulnes ont fait de lui un héros inoubliable, d'autant plus émouvant qu'il sera le protagoniste du seul livre d'Alain-Fournier, mort au champ d'honneur en 1914 à l'âge de 27 ans, un an après la parution de son chef-d'œuvre.

Charles Swann

Du côté de chez Swann, Marcel Proust

1913

C'est un personnage important non seulement dans l'œuvre de Marcel Proust mais dans la vie du narrateur d'*À la recherche du temps perdu*. Charles Swann, dandy riche et réservé, est un grand amateur d'art. C'est un homme intelligent, humble, cultivé, souvent ironique, des qualités qui le rendent fascinant aux yeux du petit Marcel. Ami de la famille, il possède une propriété près de Combray, là même où le narrateur passe ses vacances. Alors qu'à Paris, c'est un homme du monde, qui connaît à peu près tous les membres de la haute société de son époque, il change du tout au tout lorsqu'il retourne à Combray et reste très discret sur cet aspect-là de sa vie. Mal marié à Odette de Crécy, une femme aux mœurs légères, qui n'est même *« pas son genre »*, elle provoquera en lui, des années durant, une jalousie maladive. Ils auront une fille du même âge que le narrateur, Gilberte, qui aura plus tard un rôle capital. Homme mystérieux, toujours bienveillant, Swann incarne une espèce d'idéal pour le jeune Marcel. Aussi, quand celui-ci apprendra sa mort des années plus tard, il en sera bouleversé. Pour créer ce personnage, Marcel Proust se serait inspiré de Charles Haas, grand mondain et amant de la célèbre comédienne Sarah Bernhardt.

Lafcadio Wluiki

Les Caves du Vatican, André Gide

1914

Lafcadio est un *« beau jeune homme blond »*, malheureux et très névrosé. Il n'a jamais connu son père, a été élevé par les différents amants de sa mère, et c'est sans aucun doute cette absence d'image paternelle qui le contraint depuis des années à s'automutiler. En effet, il se poignarde la cuisse et ses nombreuses cicatrices en sont la preuve. Dans un train au départ de Rome, un vieil homme, Amédée Fleurissoire, entre dans son compartiment. Ils ne se connaissent pas, ne se sont jamais rencontrés (seul le lecteur sait qu'ils sont en réalité de la même famille). Très vite, ce voyageur inconnu agace Lafcadio et l'idée de le tuer l'effleure. Ce ne sera pas qu'une pensée passagère, il précipite Fleurissoire dans le vide. Lafcadio est à lui seul l'illustration de « l'acte gratuit », puisque ne répondant à aucune haine particulière, à aucune vengeance. Une geste d'autant plus absurde qu'en ayant eu le désir de commettre ce crime, il réduit à néant l'idée même d'acte gratuit. Une réflexion qui hantera longtemps André Gide.

Fred Peloux

Chéri, Colette

1920

C'est un « *très beau et très jeune homme, ni grand ni petit, le cheveu bleuté comme un plumage de merle* ». Fred, surnommé Chéri, a 24 ans et vit entouré de femmes. Sa mère, Mme Peloux, est une ancienne courtisane qui a toujours laissé son fils naviguer dans une ambiance parfumée, un gynécée où seule la beauté physique a son importance. Depuis six ans, il est l'amant officiel de « Nounoune », Léa de Lonval, qui fut une demi-mondaine et le considère comme un fils ou presque. C'est elle qui lui a tout appris de l'amour physique. Mais Fred doit se marier, et Léa s'oblige à laisser le jeune homme prendre son envol. Son chagrin sera immense. Fred reviendra pour retrouver une Nounoune vieillissante, puis la quittera, cette fois définitivement. Fred est un miroir pour ces femmes d'âge mûr : elles y contemplent le temps qui passe irrémédiablement. Et la jeunesse insolente de Fred renvoie à Léa une image qu'elle ne peut supporter. Quelques années plus tard, la fiction rejoindra la réalité. Colette aura une relation de cinq ans avec un très jeune homme, Bertrand de Jouvenel, le fils de Henry de Jouvenel, son propre mari…

Jacques Forestier

Siegfried et le Limousin, Jean Giraudoux

1922

Il s'appelle Siegfried von Kleist, c'est un juriste allemand, brillant et célébré. De l'autre côté du Rhin, le narrateur a des doutes : ne serait-il pas plutôt Jacques Forestier, son ami écrivain, porté disparu sur le front lors de la Première Guerre mondiale ? Pour en avoir le cœur net, il rencontre Siegfried à Munich et son intuition se révèle juste. Blessé à la tête, Siegfried est devenu amnésique et ne conserve aucun souvenir de son passé. À travers ce protagoniste, Jean Giraudoux, grand germanophile, veut convaincre qu'il n'existe aucune raison fondamentale pour que les deux pays se fassent la guerre et se haïssent, mieux, ces deux nations sont pour lui complémentaires. Dans ces années vingt où la revanche est sur toutes les bouches, Siegfried fait figure de réconciliation, l'espoir d'une entente rendue possible. On sait que l'auteur ne sera pas entendu. Quant à Jacques Forestier, il reviendra finalement dans son pays natal et coulera des jours heureux dans le Limousin dont il est originaire. Sous l'impulsion de Louis Jouvet, Giraudoux adaptera son livre en pièce de théâtre qui obtiendra, tout comme le roman, un grand succès.

Antoine Thibault

Les Thibault, Roger Martin du Gard

1922

Dans la famille Thibault, Oscar, grand bourgeois parisien, catholique autoritaire, est le père de deux fils aussi différents qu'il est possible de l'être : Jacques et Antoine. Ce dernier devient un grand médecin, le patron d'un service de pédiatrie qui se donne corps et âme à son sacerdoce. Énergique et talentueux, il est reconnu par tous ses confrères comme un irréprochable praticien. Mais il n'a pas que des qualités, il est aussi attiré par l'argent et agit la plupart du temps comme un égoïste : à ses yeux, rien d'autre n'est aussi important que les progrès de la médecine. Tout au long de cette longue saga (l'œuvre de Martin du Gard comporte huit tomes), Antoine va changer du tout au tout : victime du gaz moutarde pendant la guerre, son état de santé va se détériorer. Sentant sa fin prochaine, il procède à un examen de conscience dont l'issue est des plus douloureuses : il réalisera enfin son intransigeance, entre autres avec son frère Jacques, antimilitariste de la première heure, et reconnaîtra que son envie de s'enrichir a pris bien trop d'importance dans son existence. À l'heure de la mort, Antoine affrontera avec stoïcisme son sort, se métamorphosant ainsi en héros tragique.

Lewis

Lewis et Irène, Paul Morand

1924

Jeune financier plein d'entrain, Lewis aime passionnément son métier. Il joue avec les femmes qui ne sont au fond qu'un passe-temps agréable, mais préfère de loin les opérations boursières aux histoires d'amour. On lui propose un jour de racheter une mine en Sicile mais celle-ci est également convoitée par une lignée de banquiers grecs, les Apostolatos, et particulièrement par Irène, l'une des membres de la famille. Irène n'est pas seulement belle, c'est aussi une femme d'affaires redoutable et, contre toute attente, Lewis en tombe amoureux. Après bien des tergiversations, ils se marient et partent s'exiler sur une île de la mer Egée, loin du monde de la spéculation. Mais bientôt, les affaires reprennent… Avec ce personnage, Paul Morand mêle amour et argent, deux notions qui ne vont pas bien ensemble. Qu'importe, si cette union les enrichit davantage ! Lewis, personnage séduisant et implacable, aurait été inspiré à Paul Morand par son ami Boy Capel, un Britannique fortuné, célèbre pour avoir été l'amant de Gabriel Chanel, elle-même ayant une troublante ressemblance avec Irène, femme libre et talentueuse chef d'entreprise.

François de Séryeuse

Le Bal du comte d'Orgel, Raymond Radiguet

1924

Garçon insouciant et sympathique, François de Séryeuse se lie d'amitié avec le comte Anne d'Orgel. Celui-ci tombe sous le charme du jeune homme et l'invite souvent sous son toit. Le comte est marié avec Mahaut, jeune femme douce et réservée dont François tombe bientôt follement amoureux. Mais il garde ses sentiments pour lui : le mari de sa bien-aimée est son ami et c'est un homme d'honneur. Bientôt, il lui devient difficile de cacher ses sentiments. Et d'ailleurs, sont-ils réciproques ? Il ne semble d'abord pas, mais Mahaut ne refuse-t-elle pas l'idée même d'aimer un autre homme que son époux ? Si François de Séryeuse est un héros si admirable, c'est d'abord parce qu'il se sacrifie : son amour restera chaste malgré la tentation et l'intuition qu'une passion est possible. Une histoire proche de l'intrigue de *La Princesse de Clèves*, François ayant en effet quelques points communs avec le duc de Nemours. Raymond Radiguet a, rappelons-le, 20 ans lorsqu'il rédige ce deuxième roman fait de non-dits et d'incessantes hésitations. Il lui aurait été inspiré par ses amours déçues avec l'artiste peintre Valentine Hugo. Œuvre posthume, le romancier disparaîtra avant sa parution.

Joseph K.

Le Procès, Franz Kafka

1925

« *On avait sûrement calomnié Joseph K., car, sans avoir rien fait de mal, il fut arrêté un matin.* » C'est ainsi que débutent le roman de Franz Kafka et l'histoire de ce héros, qui ne comprend rien à ce coup de tonnerre. Joseph K. est pourtant un homme ordinaire, un employé de banque qui se rend chaque matin à son travail et qui semble le plus honnête des hommes. Les autorités le laissent libre, il pourra continuer à vivre normalement. Mais l'angoisse le gagne. Devant le juge d'instruction, il espère obtenir des réponses mais c'est tout le contraire : il saisit de moins en moins ce qu'on lui veut. La machine judiciaire est en marche et semble se refermer chaque fois un peu plus. Il sera exécuté. Pour Kafka, Joseph K. n'est pas un cas unique. Au contraire, il représente tous les hommes vivant dans une société aberrante, où la loi quoi qu'on en dise, aura toujours le dernier mot. Héros mystérieux, parfois drôle, absurde sûrement, il a fasciné des générations de lecteurs qui ont vu en son calvaire une prophétie, celle des régimes totalitaires et des atrocités de la guerre.

Jay Gatsby

Gatsby le Magnifique, F. Scott Fitzgerald

1925

C'est l'histoire d'un homme qui a tout ou qui prétend tout avoir. Un homme pauvre devenu riche, très riche, pour les beaux yeux d'une femme. Jay Gatsby a fait fortune, on ne sait comment. Il est connu pour organiser des fêtes sublimes dans sa somptueuse maison de Long Island et, en ces années de prohibition, le champagne interdit coule à flot. Mais ce n'est pas pour impressionner ses voisins que Gatsby dépense sans compter, c'est pour apercevoir Daisy, la jeune femme qu'il a passionnément aimé lorsqu'il n'était qu'un pauvre soldat. Il la sait mariée à un homme fortuné, mais espère de toute son âme la reconquérir. Coquette, ingrate, inconséquente, la belle Daisy précipitera pourtant sa chute. F. Scott Fitzgerald profite de ce héros maudit pour dire son dégoût du rêve américain, un concept qu'il exècre, lui l'un des chefs de file de « la génération perdue », ces jeunes gens qui ne se reconnaissent plus dans la société de l'après-guerre. Gatsby est la victime de ce rêve-là. Malgré sa fortune, il est un nouveau riche méprisé, emprisonné jusqu'à sa mort dans une solitude sans fin. Et, quand le monde de Gatsby s'écroule, c'est un peu de cet *american dream* qui disparaît avec lui.

Jake Barnes

Le Soleil se lève aussi, Ernest Hemingway

1926

Ernest Hemingway fait de son héros, Jake Barnes, l'emblème de « la génération perdue ». Tout comme Fitzgerald, il fut marqué par la Première Guerre mondiale et ses conséquences : une jeunesse sans repères, ayant perdu toutes ses illusions. L'Américain Jake Barnes est rentré vivant du conflit mondial, mais une blessure l'a rendu impuissant. Célibataire, il est journaliste et vit à Paris, où il s'étourdit de fêtes et d'alcool. Au cours de ses nuits agitées, il rencontre artistes et expatriés et tente d'oublier son triste sort. Un voyage en Espagne va le transformer : il se sent presque revivre dans ce pays inconnu, assiste à des corridas, sa nouvelle passion, apprend à pêcher la truite, et rencontre lady Brett Ashley, une veuve de guerre britannique, sorte de femme fatale qu'il va aimer sans jamais la posséder. Si Barnes joue la désinvolture, le lecteur, lui, comprend l'enfer qu'est devenue à présent sa vie : seul l'idée du désir lui est possible. Hemingway aurait mis beaucoup de lui dans ce personnage désemparé, amoureux de Paris, des voyages, des femmes, profitant de ce qui lui est donné mais n'échappant finalement jamais à lui-même.

Roland

La Confusion des sentiments, Stefan Zweig

1927

Jeune étudiant de 19 ans, Roland de D. préfère s'encanailler dans les bas-fonds berlinois plutôt que d'assister à ses cours universitaires. Mais son père apprend la vie dissolue de son fils et décide de mettre un terme à la situation. Roland part dans une petite université de province où il fera la rencontre de sa vie : un professeur de philologie anglaise, passionné de Shakespeare, avec qui, peu à peu, va se tisser un puissant lien d'amitié. Installé dans une chambrette au-dessus de l'appartement que le professeur partage avec sa femme, Roland ne vivra plus que pour plaire à ce grand homme. Pourtant, leur relation est complexe, un secret semble perturber la sérénité du professeur, chaleureux parfois, puis soudain froid et distant. Roland ne comprend plus le comportement de son mentor, et, si son admiration ne faiblit pas, il sombre dans le désespoir. Avec ce roman, Stefan Zweig s'attaque avec courage, mais aussi pudeur à un des grands tabous de l'époque : l'homosexualité. En découvrant les sentiments de son professeur, Roland entrera d'un coup dans l'âge adulte et percera à jour l'ambivalence de l'âme humaine.

Orlando

Virginia Woolf

1928

Orlando est un homme, puis une femme. Il vit au XVIe siècle, puis au XIXe, et même au XXe siècle. Qui est Orlando ? Un personnage imaginé par la grande Virginia Woolf, un héros-héroïne, androgyne et fantastique qui, comme elle l'a toujours rêvé, abolit toute différence de genre, toute identité sexuelle. D'abord courtisan favori de la reine Elizabeth 1re, puis ambassadeur à Constantinople, soudain jeune Londonienne dans l'Angleterre victorienne, amie des artistes, elle tombe enfin amoureuse d'un mystérieux explorateur qu'elle épouse et lui donne un enfant. Orlando ne cesse de voyager, de contempler le monde avec une certaine fantaisie, traverse l'histoire sans jamais vieillir. Un personnage à part dans la bibliographie de Virginia Woolf, une sorte de récréation entre deux romans plus difficiles, un prétexte aussi pour analyser les mœurs des différentes époques traversées. Dédié à son amie-amante, la romancière Vita Sackwille-West, ce roman à la fois fantastique et philosophique, est, dit-on, une longue lettre d'amour saphique destinée à celle qui tiendra une importance majeure dans sa vie.

Quentin Compson

Le Bruit et la Fureur, William Faulkner

1929

Il est l'aîné des enfants Compson, c'est un garçon brillant. Étudiant à Harvard, il est l'espoir de cette famille du Sud des années trente qui, pour financer les frais de scolarité de l'université, a même vendu ses pâturages, faisant basculer la famille dans la pauvreté. Mais Quentin n'est en rien un fils exemplaire, au contraire, c'est un garçon névrosé, complètement replié sur lui-même. Torturé, il ne fait que ressasser le passé et est hanté par Caddy, sa sœur, dont il est amoureux. Cette relation incestueuse, mais jamais consommée, est son obsession : il hait ses rivaux, rêve de les tuer, et, quand elle finira par se marier, il se donnera la mort en se jetant dans une rivière. Geste fatal et pas seulement pour lui, les Compson ne pourront jamais, sans Quentin, retrouver leur rang social. Personnage lugubre, complexe, incapable d'entrer dans le monde des adultes, Quentin est le fils maudit qui sombre dans le bruit et la fureur, l'artisan involontaire de la décadence d'une famille autrefois prospère s'enfonçant peu à peu dans la ruine et la honte.

Panturle

Regain, Jean Giono

1930

Il est le dernier habitant d'Aubignane, un village perdu de la Haute-Provence. Panturle est en pleine force de l'âge mais la solitude lui pèse et il s'inquiète : après lui, qu'adviendra-t-il de ces terres arides au pied de la montagne de Lure ? Il mène la vie difficile des paysans de l'époque, témoin du départ des villageois vers la ville. Seule la vieille Mamèche est restée et, elle en est persuadée, il lui faut une femme, du sang neuf, elle veut même trouver celle qui partagera sa vie. Mais un soir, sans mot dire, la vieille femme disparaît. Elle avait pourtant vu juste : Panturle croise par hasard le chemin d'Arsule, mystérieuse et silencieuse demoiselle qui deviendra sa compagne. Quand ils sont ensemble, la vie est lumineuse. Panturle devient cultivateur, ses champs de blé resplendissent, la vie revient. D'autant qu'Arsule attend un enfant. Un autre couple s'installera à Aubignane, ce sera la renaissance du village. Avec *Regain*, Giono écrit une ode à sa chère Provence et confie sa peur de voir un jour disparaître ces paysages ancestraux. Quant à Panturle, il incarne aux yeux de l'écrivain un héros idéal, le lien entre l'humain et la nature, mieux, celui qui fait corps avec elle.

Rivière

Vol de nuit, Antoine de Saint-Exupéry

1931

Antoine de Saint-Exupéry, pilote pour la compagnie Aéropostale en Amérique du Sud, s'est inspiré de son propre supérieur, Didier Daurat, pour créer le personnage de Rivière. Ce dernier, chef de la compagnie, veut à tout prix prouver que l'avion est le moyen de transport le plus rapide pour acheminer le courrier. Mais il faut alors faire voler les pilotes jour et nuit, et, en cette fin des années vingt, c'est un risque énorme. Rivière exige beaucoup de ses hommes mais chacun accepte les risques du métier qu'ils ont choisi. Dur souvent, injuste parfois, Rivière ne s'embarrasse pas de sentimentalisme. Il apprend à tous à se dépasser, la peur ne doit pas empêcher le courrier d'arriver à l'heure. Si ces héros de l'aviation acceptent de donner leur vie pour une cause, c'est d'abord parce qu'ils ont foi en leur chef. Et c'est bien parce que Rivière doit être à la hauteur de la confiance de ses pilotes qu'il ne doit à aucun moment faire preuve d'empathie. Personnage complexe autant qu'admirable, Rivière occupe une place importante dans l'œuvre de Saint-Exupéry : un meneur d'hommes exemplaire, un héros légendaire.

Jules Maigret

Pietr-le-Letton, Georges Simenon

1931

Feutre sur la tête, pipe à la bouche, long manteau sur un costume trois pièces, on reconnaît de loin le commissaire Maigret. Mais ce n'est pas pour son apparence qu'il est célèbre au 36 quai des Orfèvres, c'est plutôt pour ses méthodes. Avec Maigret, pas d'armes à feu, beaucoup de psychologie. Maigret a besoin de se rendre sur les lieux des meurtres, doit impérativement s'imprégner de l'ambiance pour mieux comprendre la scène de crime. Et, bien entendu, sa recette fonctionne à plein : il élucide toutes les affaires. C'est dans *Pietr-le-Letton* qu'il fait sa première apparition, et Simenon ne l'abandonnera pas de sitôt : il sera le héros de soixante-quinze romans et de vingt-huit nouvelles ! On apprendra ainsi qu'il est marié à Louise, non seulement patiente et aimante mais aussi bonne cuisinière, qu'il aime la bonne chère et n'a pas d'enfants. Son tempérament placide et sa façon de ne jamais juger rien ni personne en font un personnage à la fois ordinaire et fascinant. Il mènera sa dernière enquête en 1972, autant dire à un âge canonique, mais c'est bien connu, les vrais héros ne vieillissent jamais !

Alain Leroy

Le Feu follet, Pierre Drieu La Rochelle

1931

Interné dans une clinique pour une cure de désintoxication, Alain Leroy, la trentaine, s'échappe quelquefois pour errer dans Paris. Cette nuit-là, il passe un moment avec une Américaine, tente de renouer avec sa maîtresse, se rend chez son plus vieil ami devenu jeune bourgeois, marié et père de famille, son exact opposé, dîne enfin chez des mondains qui vont exposer devant lui leur réussite et l'humilier. Alain n'a plus de goût à rien, se pique une dernière fois dans un bar de Montmartre et finit par se donner la mort. Personnage désabusé, parfois irritant, Alain est dépendant des autres, des femmes comme de ses relations, mais, et c'est ce qui le rend désespérant, il en a pleinement conscience. Mort-vivant, seule la drogue semble lui apporter un vague soulagement. L'errance de ce personnage fantomatique, on le sait dès les premières pages, ne peut finir autrement qu'en drame. Inspiré par son ami intime Jacques Rigaut, écrivain toxicomane qui s'est lui-même suicidé, Drieu La Rochelle dessine en creux le portrait de la société qu'il côtoie : décadente et égoïste, factice et snob, en un mot vide de sens.

Louis

Le Nœud de vipères, François Mauriac

1932

Louis, un grand bourgeois bordelais, se meurt mais, avant de rendre l'âme, il écrit une longue lettre, une confession, destinée à sa femme Isabelle. Il lui annonce sa décision : il va déshériter ses enfants. Sa rancune contre sa descendance ne date pas d'hier, il a compris qu'elle n'était intéressée que par son argent. Seule sa fille Marie, disparue à l'âge de 10 ans, avait grâce à ses yeux. Il se souvient de ce fol espoir qu'Isabelle Fondaudège, fille de bonne famille catholique, puisse poser les yeux sur lui, petit-fils de paysan, libre penseur, de sa joie de l'épouser enfin, de son amertume quand il croit comprendre qu'elle en aime un autre et de sa souffrance immense. Un chagrin qui bientôt se transforme en méchanceté, en haine contre sa famille. Une haine réciproque et son cœur, son *« nœud de vipères »* s'enlise dans la rancœur. Mais quand il apprend la mort de son épouse, il comprend qu'il est le seul fautif de l'échec de son mariage. Non, Isabelle n'est pas la méchante femme qu'il imaginait. Il est trop tard pour le lui dire et, avant de mourir, il retrouve la foi qu'il avait niée et, avec elle, la part de bonté qu'il avait si longtemps fait taire.

Ferdinand Bardamu

Voyage au bout de la nuit, Louis-Ferdinand Céline

1932

Il est le double de Céline, le héros de deux de ses plus célèbres ouvrages *Voyage au bout de la nuit* et *Mort à crédit*. Bardamu nous est d'abord présenté comme « carabin », c'est-à-dire étudiant en médecine, mais sera aussi troufion durant la Grande Guerre, commis en Afrique coloniale, ouvrier à la chaîne dans l'usine Ford de Détroit, médecin des pauvres en banlieue, et même directeur d'un asile de fous. Mais Bardamu est surtout un témoin de l'enfer ordinaire subi par les soldats maltraités, les indigènes exploités ou les ouvriers épuisés, bref, par tous les opprimés du monde. Ces « pauvres », il parle comme eux et c'est ce langage qui va révolutionner la littérature française. On n'avait encore jamais écrit avec ces mots-là, mélange d'argot et d'expressions populaires, souvent comiques, lui permettant d'évoquer au plus près les classes miséreuses et la médiocrité ambiante. Bardamu, c'est l'antihéros par excellence : lâche, pleutre, un homme ordinaire traversant un monde absurde et méprisable, une mascarade qui le dégoûte.

Rhett Butler

Autant en emporte le vent, Margaret Mitchell

1936

C'est sans doute le seul qui voit clair en elle : car, ne nous y trompons pas, la belle Scarlett O'Hara est une peste, cynique et égoïste. Oui, Rhett Butler sait tout cela mais rien n'y fait : il l'aime, pour ses qualités comme pour ses défauts. Ce personnage, courageux et dégageant comme un parfum de scandale, porte un regard amusé sur cette femme qu'il finira, après bien des péripéties, par épouser. Rhett a fait rêver des générations de lectrices : son intelligence, et, ne l'oublions pas, sa séduction légendaire, en ont fait un personnage mythique. Si se mesurer à Scarlett est un travail à plein temps, il n'oublie pas non plus cette guerre de Sécession qui n'en finit plus. Mais, contrairement aux hommes de sa génération, lui ne croit plus en la victoire du Sud. Il partagera avec Scarlett le pire, la mort d'un enfant, puis finira par fuir cette femme obstinée en déclarant : *« My dear, I don't give a damn »* (« Ma chère, c'est le cadet de mes soucis ») quand cette dernière lui demandera, éplorée, ce qu'il adviendra d'elle. Un parfait résumé du caractère flamboyant de ce héros mythique.

Curé d'Ambricourt

Journal d'un curé de campagne, Georges Bernanos

1936

À Ambricourt, une petite ville du Nord, un jeune curé vit pauvrement, tout à son désir de sauver les âmes. La tâche est difficile : ses paroissiens le méprisent. Les notables ne voient en lui qu'un fils de paysan, l'accusent injustement d'être un ivrogne, les jeunes filles du catéchisme se moquent de cet ecclésiastique sans malice, lui, le passionné de vérité, l'homme de foi qui n'aspire qu'à la transmettre. Malade, il souffre de continuels maux de ventre et vit non seulement dans un grand dénuement, mais aussi dans une grande solitude. Le curé tente pourtant de participer activement à la vie de sa ville : il organise des rencontres sportives pour les plus jeunes, rend régulièrement visite aux familles, mais rien n'y fait. Sa tristesse devant cette incompréhension constante entre lui et les autres le submerge. Il est ébranlé dans ses convictions. Son existence devient un chemin de croix qu'il consigne chaque jour dans un journal d'écolier, son refuge. Car sa bonne volonté est sans cesse remise en question et son manque d'autorité lui fait accomplir des maladresses. Le cancer, dont il mourra, aura pour lui un sens : celle de la volonté d'un Dieu tout-puissant, une renaissance, puisque sa mission sur terre est une défaite.

Hercule Poirot

Mort sur le Nil, Agatha Christie

1937

Petit bonhomme un peu ridicule, Hercule Poirot est bien souvent sous-estimé par ses adversaires. Très élégant, chapeau melon, costume impeccable et, bien sûr, moustache en croc parfaitement soignée, ce gentleman belge, retraité de la police, est pourtant des plus perspicaces. Sa créatrice, Agatha Christie, le fait apparaître dans pas moins de trente-trois romans et cinquante-cinq nouvelles et, chaque fois, il impressionne par ses déductions implacables. Sa technique : les détails, ces petites choses sans importance, qui seront les clés des mystères les plus énigmatiques. Il est, avouons-le, prétentieux, pas toujours très sympathique, mais on ne peut nier sa fine connaissance de la psychologie humaine. À la fin de chaque enquête, Poirot réunit tous les protagonistes, qui, pour une raison ou une autre, sont suspects, et désigne théâtralement le coupable. Il agira ainsi dans *Mort sur le Nil* et dans bien d'autres romans. Mais un jour, Agatha Christie s'est lassée de sa créature. Dans *Hercule Poirot quitte la scène*, il rendra son dernier soupir. Non sans avoir élucidé une dernière affaire et tué le coupable d'une balle entre les deux yeux !

Magnien

L'Espoir, André Malraux

1937

Il est le personnage le plus proche d'André Malraux lui-même. Comme Magnin, l'un des protagonistes de son roman, l'écrivain s'est engagé dans la guerre d'Espagne, le conflit qui opposa les nationalistes de Franco et les républicains. Magnin, lui, a acheté des avions et dirige une escadrille d'aviateurs venus du monde entier pour prêter main-forte aux antifranquistes. Cette guerre civile est dangereuse, violente, elle tuera de nombreux hommes. Magnin, l'intellectuel, ancien ingénieur, est venu d'abord pour défendre ses valeurs : vaincre le fascisme. *« Le rêve de liberté totale, le pouvoir au plus noble et ainsi de suite, tout ça fait partie à mes yeux de ce pour quoi je suis ici »*, dira-t-il. Mais il sait aussi que pour arriver à ses fins, l'affrontement sera sanglant. C'est un personnage douloureux, car écartelé entre son rêve d'un monde libre et son devoir de combattant. Pendant cette guerre civile, l'aviation est l'un des points faibles des républicains, et Magnin, personnage lucide, héros idéaliste, comprendra avant les autres comme cette insuffisance les rendra vulnérables.

Antoine Roquentin

La Nausée, Jean-Paul Sartre

1938

Après avoir beaucoup voyagé et vécu en Indochine, Antoine Roquentin se fixe dans la ville de Bouville, sinistre bourgade du nord de la France. Il s'y est installé pour écrire une thèse sur un aventurier du XVIIIe siècle, M. de Rollebon. Antoine mène une vie de plus en plus monotone, s'ennuie et se souvient de son passé. Il aimait Anny, son ancienne maîtresse, mais elle l'a quitté. Son présent, lui, est morne et il s'enfonce dans une déprime inexplicable : tout ce qui l'entoure lui semble médiocre, sa vie elle-même n'a plus aucun sens. Il ne ressent rien d'autre que de la nausée. Le monde ne lui semble que vacuité, tout le dégoûte. Puis Antoine a une révélation : *« Exister, c'est être là, simplement, sans nulle nécessité. »* En regardant le monde tel qu'il est et non pas tel qu'il paraît, l'absurdité de la vie le touche en pleine face. Plutôt que de sombrer dans la dépression, il décidera de retourner à Paris pour écrire un roman. Avec Roquentin, l'antiromantique par excellence, Jean-Paul Sartre créé un personnage d'un genre nouveau : le héros existentialiste.

Tom Joad

Les Raisins de la colère, John Steinbeck

1939

À peine sorti de prison où il a purgé sa peine pour homicide volontaire, Tom Joad est toujours en liberté conditionnelle. Il retourne dans sa famille, propriétaire d'une ferme dans l'Oklahoma. Quelle n'est pas sa surprise de voir ses parents sur le point de quitter leur ferme : c'est la Grande Dépression. Les voilà tous obligés de partir vers la Californie où ils espèrent un avenir plus clément. Tom décide de fuir avec eux alors même qu'il n'a pas le droit de quitter l'État. Personnage sombre, plutôt mutique, parfois violent, il est celui sur lequel s'appuie sa mère, celui qui n'accepte pas les conditions de vie révoltantes de ces travailleurs venus en Terre promise. Durant leur voyage sur la Route 66, celle qui mène vers l'Ouest, il croise des individus épuisés et affamés, et son arrivée dans un camp de transit sera le début de ses désillusions. Tom, c'est en quelque sorte le justicier, celui qui ne protège pas seulement les siens, mais toute cette communauté frappée par la misère. Héros tragique, insoumis, il fut, en 1940, merveilleusement interprété au cinéma par Henry Fonda dans le film de John Ford.

Dutilleul

Le Passe-muraille, Marcel Aymé

1941

« Il y avait à Montmartre, au troisième étage du 75 bis de la rue d'Orchampt, un excellent homme nommé Dutilleul qui possédait le don singulier de passer à travers les murs sans en être incommodé. » Ce petit fonctionnaire ordinaire n'a pas une vie très mouvementée jusqu'à ce qu'il se rende compte de son pouvoir. Ce don miraculeux, qui d'abord l'embarrasse, il va l'utiliser pour rendre fou son épouvantable patron, puis pour commettre des cambriolages en signant ses méfaits Garou-Garou. Il devient populaire, un « superhéros » et prend goût à la célébrité. Arrêté, jeté en prison, il s'évadera bien sûr aussi souvent qu'il le souhaite. Mais il tombera amoureux et bientôt son incroyable faculté tombée du ciel l'abandonne. Pire, il restera, pour toujours, enfermé dans un mur. Symbole de la privation de liberté des Français en cette année 1941, en plein Paris occupé, Dutilleul, c'est l'espoir, celui qui peut s'échapper quand il veut, où il veut, sans rendre de comptes à personne. Un rêve d'évasion qui, hélas, n'aura qu'un temps.

Meursault

L'Étranger, Albert Camus

1942

Héros mythique de la littérature française, rappelons que *L'Étranger* est l'un des trois livres français les plus vendus dans le monde. Meursault est étranger à double titre : pour les autres et pour lui-même. Son indifférence, sa non-perception du monde qui l'entoure en font un homme d'aspect indolent, incompréhensible pour tous ceux qui l'approchent. Cette manière d'aborder son existence choquera d'abord ceux qui ne le voient pas verser une larme à l'enterrement de sa mère. Puis il commet un meurtre sans motif, pour rien. Il sera arrêté, jugé, mais son attitude passive, voire insensible, déconcertera le tribunal. Et Meursault, pourquoi a-t-il cette impression d'assister à ce procès et ne pas en être l'acteur ? Il sera condamné à mort, davantage parce qu'il refuse de jouer le jeu des conventions sociales que pour le meurtre lui-même. Cette sentence, il l'accepte avec lucidité. Meursault a toujours cette conscience aiguë de la brièveté de la vie, de la mort inéluctable. Personnage absurde par excellence parce qu'il ne ment ni aux autres, ni à lui-même, ce héros que jamais Camus ne juge, marquera à jamais les esprits.

Le Petit Prince

Antoine de Saint-Exupéry

1943

« S*i alors un enfant vient à vous, s'il rit, s'il a des cheveux d'or, s'il ne répond pas quand on l'interroge, vous devinerez bien qui il est.* » Combien d'enfants ont un jour levé les yeux au ciel pour apercevoir une étoile, celle du Petit Prince ? Des millions et plus encore quand on sait qu'il est le héros d'un des livres les plus vendus au monde. Il n'y a pas de hasard : l'histoire de ce petit bonhomme venu d'une autre planète, pas plus grande qu'une maison, qui vient sur terre se faire des amis et rencontrera bien des émerveillements et des déceptions, s'avère universelle. Sa candeur, sa philosophie, sa sagesse, sa perplexité devant le monde qui s'ouvre à lui, ont fait de lui bien plus qu'un héros, une légende. *« On ne voit bien qu'avec le cœur. L'essentiel est invisible pour les yeux »*, rappelle le renard, phrase célébrissime destinée aux grandes personnes, matérialistes et terre à terre, qui trop souvent oublient les sensations venues de l'enfance. Le Petit Prince, avec son rire *« comme une fontaine dans le désert »* est heureusement là pour nous le rappeler.

Philippe Gerbier

L'Armée des ombres, Joseph Kessel

1943

Exilé depuis 1943 à Londres, Joseph Kessel, membre des Forces françaises libres, commence l'écriture de *l'Armée des ombres*, le grand roman de la Résistance. Son héros Philippe Gerbier est, dès le début du livre, arrêté par les gendarmes et conduit dans un camp. Il est en réalité ingénieur de formation et dirige un important réseau de Résistance. Homme de conviction, il n'est pas qu'un organisateur, il participe lui-même à différentes actions, plus périlleuses les unes que les autres. Son sang-froid impressionne, et sa capacité à changer d'apparences et de « planques » en impose. Parce qu'il sait son combat juste, il est capable de sacrifier certains de ses hommes, et particulièrement Mathilde, qui fut son adjointe. Symbole à lui seul de ce que fut ce combat pour sauver la France, où l'héroïsme se mêlait parfois à la traîtrise, où la solidarité avait un sens, Kessel rend ici un vibrant hommage à tous ceux qui ont donné leur vie pour leur patrie. En 1969, Philippe Gerbier fut incarné à l'écran par un Lino Ventura taiseux et sombre, dans un film devenu culte et signé Jean-Pierre Melville.

Aurélien Leurtillois

Aurélien, Louis Aragon

1944

Le lieutenant Aurélien Leurtillois est toujours hanté par ses souvenirs du front. En cette année 1921, il n'a nul besoin de travailler pour vivre après avoir reçu un gros héritage. Il vaque dans des soirées mondaines, conscient de la vacuité de son existence. Et puis, il rencontre une femme mariée à un pharmacien de province, Bérénice, et la première fois qu'il la voit, *« il la trouv[e] franchement laide »*. Mais cette première mauvaise impression laissera bientôt place à un sentiment très fort. Il ne pense plus qu'à elle jusqu'à en perdre la raison. Mais la vie dissolue du protagoniste fera son malheur. La femme de ses pensées rêve d'absolu et craint de ne pas trouver en ce jeune dandy la passion qu'elle espère. Elle cherche pourtant sa compagnie mais la malchance s'en mêle. Quand, dix-sept ans plus tard, ils se retrouveront, ils éprouveront tous deux une terrible nostalgie pour leur amour passé, mais une tragédie tirera un trait définitif sur leur histoire. Aurélien, héros pessimiste par excellence, fut inspiré à l'auteur par son ami l'écrivain Pierre Drieu la Rochelle.

Colin

L'Écume des jours, Boris Vian
1947

« *Il était presque toujours de bonne humeur, le reste du temps il dormait.* » Voici en une phrase le portrait de Colin tel qu'il apparaît au début du roman de Boris Vian. Un jeune homme riche, oisif et sympathique, quoiqu'un peu original. Lorsqu'il tombe amoureux de Chloé, le jeune homme décide de l'épouser sur-le-champ, mais dès la sortie de l'église, elle se met à tousser, mauvais présage. Bientôt, Chloé tombe malade, un nénuphar lui pousse dans le poumon, elle est condamnée. Dès lors, l'univers de notre héros se rétrécit. Tout devient sale, il sombre métaphoriquement dans la dépression. Sa fortune fond comme neige au soleil tant les traitements pour soigner Chloé sont chers. Colin devra se mettre au travail et découvre un monde fait d'humiliation et d'obsession pour l'argent. Il devient, entre autres, commissionnaire, chargé d'annoncer les mauvaises nouvelles la veille du jour où le malheur va frapper. Son nom est un jour inscrit sur la liste… Chloé va mourir. Le chagrin de Colin est immense. Il perd sa jeunesse, son insouciance et entre ainsi dans la longue liste des héros romantiques frappés par une implacable destinée.

Jean Barnery

Les Destinées sentimentales, Jacques Chardonne

1947

Fils d'un des fondateurs de la maison de porcelaine Barnery, Jean a renoncé à sa carrière d'industriel pour devenir pasteur. Il vit en Charente où il est (mal) marié à Nathalie, qu'on accuse à tort d'adultère. Lors d'un bal, il croise le regard de la jeune Pauline, et, après son divorce, l'épouse et s'installe avec elle en Suisse, où ils vivent une existence simple et paisible, loin des rumeurs de la bourgeoisie provinciale. Mais la fabrique de porcelaine périclite, et le couple doit revenir à Limoges où Jean tente de redresser l'affaire dans un contexte de revendications sociales et de concurrence tenace. Jacques Chardonne sait de quoi il parle. Lui-même issu d'une grande famille de porcelainier, il nous fait traverser trente ans de la vie de Jean Barnery, sa lutte acharnée pour faire vivre sa fabrique et les conséquences de la Première Guerre mondiale. À cette peinture sociale très réaliste, Jacques Chardonne mêle l'histoire d'amour de Jean avec Pauline, la solidité de leurs liens, car rien, ni les secousses de la vie, ni le temps qui passe, ne les feront se séparer. Un amour pour toujours intact.

Docteur Rieux

La Peste, Albert Camus

1947

Médecin des pauvres à Oran, le docteur Rieux est un homme respecté et respectable. Lorsque la peste frappe la ville, il s'engage corps et âme pour enrayer le fléau. S'oubliant lui-même pour soigner les malades, il se sacrifie, tente de sauver la multitude de contaminés même s'il sait le combat perdu d'avance. Empathique, il souffre avec ses patients, refuse le découragement, croit en un sérum qui pourra définitivement libérer la ville à présent coupée du monde, refuse de penser à autre chose. *« Pour le moment il y a des malades et il faut les guérir. Ensuite, ils réfléchiront et moi aussi. Mais le plus pressé est de les guérir. »* Albert Camus a mis beaucoup de lui dans ce personnage qui lutte contre le désespoir d'un peuple. Métaphore de la montée du nazisme, la peste est ce fléau qu'il faut combattre et Rieux ce résistant qui ne baisse pas les bras, un homme engagé, le témoin de la souffrance d'un peuple angoissé et inconsolable. Est-il héroïque ? Sans doute, même s'il n'en a pas conscience. Camus le voit plutôt comme un être humain qui combat la mort et l'ignorance, un être qui ne renonce pas.

Winston Smith

1984, George Orwell

1949

Dans un régime totalitaire imaginaire, Winston Smith, 39 ans, est chargé de falsifier le passé en réécrivant les textes contraires aux idées gouvernementales. Mais, malgré l'endoctrinement dont il est victime, c'est un rebelle. En toute discrétion – il est surveillé jour et nuit par un « télécran », appelé Big Brother – il entame la rédaction de son journal intime et y annote son dégoût du pouvoir en place. Devenu l'amant de Julia, il doit garder secrète leur liaison. Il n'a aucun droit d'entretenir une relation, d'abord parce qu'il est marié avec une autre, ensuite parce que la sexualité ne doit servir qu'à la reproduction. Ces quelques moments de bonheur seront de courte durée. Smith sera arrêté, torturé et rééduqué. Dans cet univers cauchemardesque, ce héros, ce résistant, a bien peu de chance de survivre. Il est celui qui dénonce, le seul lucide devant cette machine à broyer, critique à peine masqué du régime soviétique stalinien mais aussi de la chasse aux sorcières qui débutait alors aux États-Unis. Par l'intermédiaire de Winston Smith, George Orwell prévient : tout citoyen doit être vigilant, le totalitarisme est à notre porte.

François Sanders

Le Hussard bleu, Roger Nimier

1950

Roger Nimier donne ainsi sa définition du hussard : *« militaire du genre rêveur qui prend la vie par la douceur et les femmes par la violence. »* Vaste programme ! François Sanders, déjà apparu dans le roman *Les Épées*, est cet ancien milicien qui tente de faire oublier son passé : il devient soldat du 2e régiment des hussards, se mêlant ainsi à l'armée française qui, en 1945, pénètre en Allemagne. Il est le double de l'auteur, le porte-voix d'une génération désabusée, qui avoue son malaise devant l'absurdité de la guerre, de la violence et de la traîtrise, un monde si décevant. Ce séducteur toujours cocasse, ironique et cynique, qui n'hésite jamais à faire le coup de poing, prendra sous son aile Saint-Anne, surnommé le Hussard bleu, un jeune idéaliste de 18 ans. Antihéros, bien plus angoissé qu'il ne le laisse paraître, plus sensible aussi, Sanders demeurera jusqu'à la fin un maudit de l'Histoire. Le titre de ce roman donnera naissance à un mouvement littéraire, les Hussards, nom donné par le journaliste Bernard Frank à ces écrivains de droite dont font partie, entre autres, Michel Déon, Antoine Blondin ou Jacques Laurent.

Holden Caulfield

L'Attrape-cœurs, J. D. Salinger

1951

On peut avoir 16 ans et vivre une crise existentielle. Holden Caulfield est un jeune garçon qui vient, quelques jours avant Noël, de se faire renvoyer de son école. Plutôt que de rentrer chez lui, il fugue et flâne dans la nuit new-yorkaise, traîne de bars en boîtes de nuit, rencontre de drôles de personnages : marginaux, prostituées et professeur ambigu. Adolescent qui idéalise l'enfance et ne veut pas entrer dans le monde, terrifiant, des adultes, Holden Caufield a marqué des générations de lecteurs qui, comme lui, cherchent seulement un sens à leur vie. Il incarne tous ces gamins mal dans leur peau, souffrant de solitude, dégoûtés par l'humanité, déçus par les jeunes de leur âge et sexuellement frustrés. Seule Phoebe, sa petite sœur de 10 ans, trouve grâce à ses yeux. Avec son langage fleuri, parfois même trivial, Salinger fait de Holden un héros authentique, anticonformiste, pour tout dire d'une grande modernité. Un héros qui n'en finit pas de se poser des questions comme celle-ci, essentielle et légendaire : *« Où allaient les canards* [à Central Park] *quand le bassin était tout gelé, tout couvert de glace ? »*

Hadrien

Mémoires d'Hadrien, Marguerite Yourcenar

1951

À l'approche de la mort, Hadrien, empereur romain du IIe siècle, écrit une longue lettre à son petit-fils, Marc Aurèle, qui sera peut-être son successeur. Cette lettre, il l'écrit aussi pour lui-même, pour l'aider à mieux comprendre ce que fut sa vie et ce qu'il en a fait, n'hésitant jamais à avouer ses faiblesses, ses erreurs, l'injustice dont il a parfois fait preuve. Poète et philosophe tout autant que souverain, Hadrien se souvient de son enfance, raconte son parcours politique, avoue sa passion pour un jeune homme de Bithynie et sa douleur à la mort de celui-ci, commente ses désillusions sur la nature humaine. Il a beaucoup voyagé, aime en effet s'éloigner de Rome et retourner à Athènes, sa ville de prédilection, et s'émerveille chaque fois de la beauté des paysages qu'il contemple. Héros historique et pourtant si humain, Hadrien éprouve au fond les sentiments de n'importe quel homme. Il n'est ni meilleur ni pire qu'un autre. C'est un être qui a aimé, souffert, qui a su préserver jusqu'à la fin sa lucidité et dont les derniers mots seront : *« Tâchons d'entrer dans la mort les yeux ouverts. »*

Guy Montag

Fahrenheit 451, Ray Bradbury

1953

Aux États-Unis, dans un futur lointain, on brûle les livres. Ces objets de papier sont nuisibles : ils ne font que perturber le bonheur de l'homme. Guy Montag est l'un de ces pompiers munis d'un lance-flammes. Il n'est pas là pour éteindre les incendies, mais au contraire pour brûler les maisons qui cachent encore ces ouvrages interdits. Tout lui sourit jusqu'à sa rencontre avec une jeune fille, Clarisse McClellan, qui fera exploser ses certitudes. Elle lui apprend à regarder autour de lui, à découvrir des sensations nouvelles, lui qui vit dans une société endoctrinée, où le pouvoir exerce un contrôle total des individus grâce à la technologie. Son cerveau jusqu'ici prisonnier, censuré, privé de liberté de pensée, va enfin s'ouvrir au monde. Montag va se remettre en question. Il deviendra lui aussi un rebelle, comme ces professeurs et ces religieux, ces intellectuels qui, s'ils brûlent les livres pour ne pas se faire repérer, les ont préalablement appris par cœur. Montag les suivra dans leurs pérégrinations, bien décidé à mener à bien sa mission : transmettre le savoir aux générations futures et réveiller leur conscience.

Tom Ripley

Monsieur Ripley, Patricia Highsmith

1955

Il n'a pas de chance, le pauvre Tom Ripley, orphelin sans le sou. Ce jeune Américain est pourtant séduisant, intelligent et d'une ambition démesurée. Dans un bar, un riche homme d'affaires, Herbert Greenleaf, lui propose de partir pour la Sicile afin de persuader son fils Dickie de rentrer aux États-Unis. Tom y voit une occasion inespérée d'accéder à la fortune. En Italie, Tom fait la connaissance de Dickie et de sa petite amie Marge, ils deviennent amis. Une relation ambiguë s'installe entre ces trois-là, et bientôt Dickie préfère couper les ponts. Ils effectuent cependant un dernier voyage en bateau pour rejoindre San Remo. Personnage terrifiant, véritable psychopathe, Ripley n'éprouve aucun sentiment. Tuer celui qu'il aurait voulu être, usurper son identité, n'est pas pour lui amoral, simplement une chance à ne pas rater. Ripley sera le protagoniste de quatre autres romans de Patricia Highsmith, et *Monsieur Ripley* sera plusieurs fois adapté au cinéma. Mais c'est bien sûr Alain Delon, dans *Plein soleil*, endossant avec maestria le rôle de ce monstre au sang-froid, qui marquera à jamais les esprits.

Humbert Humbert

Lolita, Vladimir Nabokov

1955

Il aime les nymphettes et lorsqu'il voit pour la première fois Dolorès, 12 ans et demi, il sait qu'il succombera. Humbert Humbert est un pédophile, un quadragénaire instable qui, après avoir épousé la mère de sa proie, finira par enlever la fille et fuira avec elle pendant deux ans. Ce personnage pervers raconte son histoire, depuis une prison où il a été condamné pour meurtre, et cette longue et éprouvante confession a été souvent mal comprise. On a accusé Nabokov d'avoir fait d'Humbert Humbert la victime consentante de cette Lolita, comme il la surnomme, dévergondée et aguicheuse. On oublie seulement que c'est à travers le regard du héros que cette histoire nous est révélée. C'est lui et lui seul qui tient les fils, et s'il manipule Dolorès, il manipule aussi le lecteur. Il voit leur liaison comme une histoire d'amour, jamais comme une passion déviante et veut nous en persuader. Pour y parvenir, il tente de cacher le désespoir de cette gamine perdue, achetée par un Humbert Humbert doublement obscène car monstrueux mais aussi, d'une certaine manière, fascinant. Un héros qui, cinquante-cinq ans plus tard, est toujours d'actualité.

Côme Laverse du Rondeau

Le Baron perché, Italo Calvino

1957

En 1767, le petit aristocrate italien Côme Laverse du Rondeau, 12 ans, refuse de toucher au plat d'escargots servi à la table de son père, le baron Arminius. Têtu, il préfère encore s'enfuir et se réfugier dans un arbre du domaine familial. Il y restera plus de cinquante ans sans jamais poser le pied à terre ! Cette vie pourrait sembler terriblement monotone mais il n'en est rien. De son perchoir, il contemple la société de son époque sans en subir aucune contrainte. Curieux de tout, libre comme l'air, il fera de là-haut sa propre éducation et la connaissance de quelques curieux, comme Napoléon, et tombera même amoureux. Mais ce sera avant tout un grand lecteur, un témoin du siècle des Lumières, qui entretiendra même une correspondance avec Rousseau et Voltaire. Passant d'arbre en arbre, il parcourra ainsi la région d'Ombreuse, et deviendra un homme fort, souvent héroïque, que le lecteur voit peu à peu vieillir. Italo Calvino écrit un conte philosophique détonnant, son héros portant un regard drôle et passionnant sur la place de l'intellectuel dans la société.

Albert Quentin

Un singe en hiver, Antoine Blondin

1959

On appelle ça en langage populaire « être rangé des voitures ». Albert Quentin est un ancien fusilier marin en Chine et… un ancien alcoolique. Il a ouvert un hôtel-restaurant, le Stella, à Tigreville, sur la côte normande et a juré à sa femme Suzanne, le jour du débarquement du 6 juin, de renoncer à la boisson pour *« s'adonner aux bonbons »*. S'il s'ennuie un peu, il est bien décidé à tenir bon. Mais, quelques années plus tard, débarque dans son hôtel un jeune homme solitaire, Gabriel Fouquet, venu rendre visite à sa fille scolarisée dans un pensionnat de la région. Touché par la détresse de Fouquet, Albert Quentin va partager avec lui quelques verres, brisant ainsi son serment. La nuit sera joyeuse, vivante, en un mot, éthylique. Entre eux, s'instaure une amitié fugace mais sincère, une relation filiale. Albert retrouve à travers Gabriel, sa jeunesse d'antan et les souvenirs qui l'aident à tenir : *« Une nuit sur deux, Quentin Albert descendait le Yang-tsé-kiang dans son lit-bateau »*, phrase mémorable tout autant que le film d'Henri Verneuil, dialogué par Michel Audiard, un inoubliable face-à-face entre Jean Gabin et Jean-Paul Belmondo.

Romain

La Promesse de l'aube, Romain Gary

1960

Depuis toujours, Romain vit seul avec sa mère Nina, une ancienne actrice russe. C'est une mère courage, de celle qui se sacrifie pour son fils. Elle voit en lui un futur grand homme, un grand artiste, un grand soldat, et sa vie durant il cherchera à la contenter. De son enfance à Vilnus à son exil à Nice, l'enfant vit sous le regard de cette femme qui ne croit qu'en lui, qu'en son futur destin. Hommage à l'amour maternel, non pas celui qui étouffe mais, bien au contraire, celui qui inspire et aide à supporter la rudesse de la vie, il en sera éternellement reconnaissant à cette mère excessive et déterminée. Qui sait ce qu'il serait devenu sans elle ? Idéaliste, révolté contre l'injustice du monde, courageux et talentueux, Romain deviendra tout ce qu'elle espérait : compagnon de la Libération, consul de France, immense écrivain… mais elle ne sera plus là pour le voir. Malgré ses succès, et ils furent nombreux, malgré l'adoration, parfois même envahissante, de Nina, Romain restera ce petit garçon humble, à jamais respectueux de cette mère entière et irremplaçable.

Jean Cadoret

Jean de Florette, Marcel Pagnol

1963

Il croyait que l'avenir lui souriait. Lorsque Jean Cadoret s'installe dans la ferme de ses aïeux avec sa femme Aimée et sa fille Manon, c'est pour changer de vie. Il était précepteur, un homme éduqué, aimant la musique et les livres, et le voici paysan. Courageux, bossu mais fort comme Hercule, il rêve d'élever des lapins, de faire pousser des légumes exotiques mais bien vite il déchante : l'eau manque et ce coup du sort lui sera fatal. Naïf, Jean Cadoret ne voit pas, ne peut imaginer, les manigances d'Ugolin et de son oncle le Papet pour dissimuler une source qui coule pourtant sous ses pieds. Le voici ruiné, désespéré, alcoolique, puis, en voulant creuser une citerne à l'aide de dynamite, il se tuera. Jean Cadoret est l'incarnation de l'étranger, du citadin. Il devient celui qui gêne dans cette campagne provençale fermée aux autres, à l'inconnu. Obstiné, arrogant quelquefois, il sera vaincu par son ignorance de la terre et par la méchanceté des hommes. Heureusement, sa fille, Manon, s'obstinera à le venger. Mais c'est une autre histoire…

Robinson Crusoé

Vendredi ou les Limbes du Pacifique, Michel Tournier

1967

Michel Tournier, fasciné par le personnage de Robinson Crusoé, décide de revisiter l'histoire de ce héros mythique, tout en respectant parfaitement le cadre du roman du tout début du XVIIIe siècle, écrit par Daniel Defoe. Robinson est donc cet Anglais qui échoue sur une île déserte et se retrouve seul. Plutôt que de devenir fou, il décide de reconstruire sa propre société, une civilisation imaginaire, édicte des lois, un code civil, construit des maisons, un temple. Vingt ans plus tard, Vendredi, un jeune sauvage, fait son apparition. Il sera son second, une espèce de domestique, jusqu'au jour où, par maladresse, le jeune homme fait exploser tout ce qu'avait édifié Robinson. Les deux hommes repartent à zéro, mais les rôles changent : c'est Vendredi qui va enseigner à son maître comment vivre dans une île déserte. C'est lui aussi qui lui apprendra à vivre en harmonie avec les éléments. Grâce au sauvage, à leurs relations enfin harmonieuses, Robinson découvrira le respect de l'autre et la différence, et oubliera les questions métaphysiques qui le hantaient.

Solal des Solal

Belle du Seigneur, Albert Cohen

1968

Dans les années trente, Solal est un haut fonctionnaire à la Société des Nations. Français d'origine juive, c'est un irrésistible don Juan. Il décide de séduire Ariane, mariée à l'un de ces subalternes, Adrien Deume, et, pour parvenir à ses fins, envoie le pauvre homme passer quelques mois à l'étranger. Méprisant, cynique aussi, il se donne trois heures pour faire d'Ariane sa maîtresse : elle succombera. Amoureux de l'amour, Solal veut vivre une passion qui ne s'éteint jamais. Hélas, l'ennui s'installe et il en vient à haïr le couple qu'il forme avec Ariane. Puis, le contexte de l'époque s'en mêle. La montée du nazisme lui fait perdre sa situation et sa nationalité. Il s'enfonce alors dans la déchéance et dans une dépression qui finira tragiquement. Pourtant, Albert Cohen en fait aussi un personnage plein d'humour. Son regard acerbe sur la bourgeoisie est implacable, c'est un héros à la fois lucide, désenchanté et idéaliste, rêvant d'un amour pur, un amour parfait, qui, il le comprendra trop tard, ne pouvait être qu'une chimère.

Georges Saval

Les Poneys sauvages, Michel Déon

1970

En 1937, cinq jeunes étudiants finissent leurs études à Cambridge, mais bientôt la guerre éclate et leur vie est bouleversée. Certains vont mourir, d'autres échapperont au pire, tous seront happés par le tourbillon de ces combats qui n'en finissent plus. Durant trente ans, Georges Saval, devenu journaliste, et ses compagnons vont se croiser, s'éloigner, parcourir l'Europe, de la Grèce à l'Italie en passant par l'Irlande ou la Pologne, rencontreront des femmes inoubliables et traverseront un monde sur le point de se transformer. Georges Saval, héros solitaire et nostalgique, sera sa vie durant obsédé par un souvenir de 1941 : celui de ces poneys sauvages, paisibles et sereins, aperçus un matin dans la campagne anglaise alors même que Londres est bombardé par les ennemis. Cette scène de poneys côtoyant sans le savoir l'horreur de la guerre, Georges l'a vécue avec une femme, Joan, la seule qui comptera et qui mourra bientôt. Soudain, ils deviendront pour lui un symbole : celui de la liberté de vivre, de la liberté de s'exprimer, de l'insouciance de la jeunesse… et un merveilleux titre de roman qui valut à son auteur en 1970 le prix Interallié.

Sosthène de Plessis-Vaudreuil

Au plaisir de Dieu, Jean d'Ormesson

1974

En 1906, Sosthène de Plessis, duc de Vaudreuil, vit dans son château entouré de sa nombreuse descendance. C'est un homme d'un autre temps qui refuse de voir la vérité en face : le monde a inexorablement changé et ses enfants, pourtant aimants, ne peuvent lui faire entendre raison. La Première Guerre mondiale fera éclater ce qu'il tentait jusqu'ici de préserver : les traditions, l'honneur et l'amour de Dieu. Inexorablement, ce chef protecteur, pourtant inébranlable, devra regarder la vérité en face. Héros du passé dans un siècle qui change à toute vitesse, Sosthène de Plessis assiste à la fin d'une époque, la sienne et celle de ses ancêtres. Grand lecteur de l'Action française, anti-dreyfusard de la première heure, monarchiste, il pourrait paraître à certains comme l'archétype du réactionnaire, égoïste et passéiste. Mais il n'en est rien. Sous la plume de Jean d'Ormesson, qui s'est évidemment inspiré de son propre grand-père pour brosser le portrait de Sosthène, le lecteur découvre un homme mélancolique qui voit s'écrouler tout un pan de la société française.

Jérôme Dutoit

Adios, Kléber Haedens

1974

De son enfance, Jérôme Dutoit ne se souvient que des jours heureux passés en pension. Il pouvait enfin échapper à ses parents, sévères et bien-pensants, et découvrir d'autres horizons. En particulier le rugby qui, pour ce natif du Sud-Ouest, est bien plus qu'un sport, du grand art. Il devient aussi un insatiable lecteur et un fervent admirateur de jeunes filles, une passion qui ne le lâchera pas de sitôt. Pourtant, le jeune garçon ne comprend rien en la gente féminine et rencontre avec elles bien des déconvenues. Devenu journaliste sportif, il sera ce héros sympathique, dilettante aussi, amateur de bonne chère et de bon vin qui rencontrera sur le tard celle qui deviendra sa femme, Marie-Louise. Mais la vie joue de sales tours et Marie-Louise tombera malade. Sa mort lui sera insupportable. Roman de bout en bout autobiographique, Jérôme Dutoit est Kléber Haedens et la merveilleuse Marie-Louise, Caroline, son épouse. Écrit deux ans avant sa mort, *Adios* est en quelque sorte le testament de cet auteur endeuillé, trop souvent oublié et pourtant éblouissant.

Guillaume de Baskerville

Le Nom de la rose, Umberto Eco

1980

D'origine britannique, le frère Guillaume de Baskerville est un ancien inquisiteur, devenu moine. En cette année 1327, la guerre fait rage entre les franciscains, prônant le vœu de pauvreté, et la délégation papale venue d'Avignon qui s'y refuse, une lutte fratricide qui n'en finit plus. Le frère est chargé d'organiser une rencontre entre les deux clans dans une abbaye bénédictine du sud de la France pour calmer les esprits. Mais, à peine est-il arrivé avec son secrétaire, le novice Adso de Melk, qu'un crime est commis, ce sera le premier d'une longue série. Baskerville prend l'affaire en main et mène l'enquête. Un nom de famille qui rappelle le titre d'un célèbre roman policier, il n'en faut pas plus pour comprendre… Umberto Eco s'amuse ! De nombreux traits du frère Guillaume, son sens de la déduction, son calme inaltérable, sa liberté d'esprit, son adjoint qui ne le quitte jamais, mais c'est bien sûr… Baskerville, c'est le Sherlock Holmes du Moyen Âge ! Et il faudra au moins toutes ces qualités pour résoudre un mystère fait de bibliothèque labyrinthique, d'ésotérisme, d'hérésie et de morts inexplicables.

Coleman Silk

La Tache, Philip Roth

2000

Accusé de racisme au sein de son université, le vieux professeur de lettres classiques, Coleman Silk, préfère démissionner. Lui qui a sans cesse combattu toute forme de ségrégation vit ce drame comme une terrible injustice. Devenu veuf, il s'enferme alors dans sa solitude, blessé par les rumeurs qui courent sur son compte et par l'immobilisme de ses collègues. Un écrivain, devenu ami, se charge d'écrire un livre sur cette sale affaire. Qui est Coleman Silk, a-t-il quelque chose à cacher ? L'écrivain ne sera pas au bout de ses surprises. Avec ce héros, scandaleux et ambigu, Philip Roth fustige l'Amérique, son hypocrisie, sa pudibonderie excessive. Car, en revenant sur le passé de ce professeur épris de liberté, c'est tout un pan de la société de l'après-guerre qui surgit : celle qui ferme les yeux quand cela l'arrange, celle qui vit dans une culpabilité permanente, dominée par un politiquement correct qui peut briser une vie. Oui, Coleman Silk a un secret, qui ne sera dévoilé qu'après sa mort. Un secret qui rend toutes les accusations proférées contre lui au-delà de l'absurde.

Sommaire

Sommaire

Sommaire

Sommaire

Déjà parus, dans la collection des 100

Les 100 Choses à avoir fait au moins une fois dans sa vie à Paris
(*Figaroscope*, 2013)

100 pièges à éviter pour écrire et parler un excellent français
(*Le Figaro littéraire*, 2014)

100 choses à avoir fait au moins une fois dans sa vie à Paris avec ses enfants
(*Figaroscope*, 2014)

100 bonnes & mauvaises manières à connaître dans la vie. Le guide du bien élevé
(*Le Figaro*, 2015)

Les 100 Citations et Locutions pour ne pas perdre son latin
(*Le Figaro littéraire*, 2015)

100 expressions héritées de l'Histoire
(*Le Figaro littéraire*, 2015)

100 expressions favorites de nos grands-mères
(*Le Figaro littéraire*, 2016)

100 anglicismes à ne plus jamais utiliser !
(*Le Figaro littéraire*, 2016)

100 bonnes & mauvaises manières à connaître. Le guide du bien élevé en vacances
(*Le Figaro*, 2016)

100 lieux du patrimoine français à avoir vu au moins une fois dans sa vie
(*Le Figaro*, 2016)

100 pour cent chic - Le guide de l'élégance au masculin
(*Le Figaro Magazine*, 2016)

Aux origines des 100 superstitions qui hantent ou réjouissent notre quotidien
(*Le Figaro*, 2017)

Le Tour de France des 100 péchés mignons
(*Le Figaro*, 2017)

100 lieux pour se ressourcer en France
(*Le Figaro Magazine*, 2017)

100 lieux qui ont fait la France
(*Le Figaro Magazine*, 2017)

100 expressions savoureuses à partager entre petits et grands
(*Le Figaro*, 2017)

100 Châteaux qu'il faut connaître à Bordeaux
(*Le Figaro Vin*, 2018)

Les 100 Inventions qui font la fierté de la France
(*Le Figaro Magazine*, 2018)

Les 100 Expressions à éviter au bureau et ailleurs
(*Le Figaro*, 2018)

Les 100 Romans français (qu'il faut avoir lus)
(*Le Figaro littéraire*, 2018)

Les 100 Poèmes (qu'il faut absolument connaître)
(*Le Figaro littéraire*, 2019)

Les 100 Répliques cultes du cinéma français
(*Le Figaro*, 2019)

Les 100 Plus Belles Lettres de la langue française
(*Le Figaro littéraire*, 2020)

Les 100 Citations de philosophie les plus précieuses
(*Le Figaro littéraire*, 2020)

Les 100 Dates vraiment clés de l'histoire de France
(*Le Figaro histoire*, 2020)

Les 100 Héroïnes de la littérature
(*Le Figaro littéraire*, 2021)

Les 100 Plantes qui soignent
(*Le Figaro*, 2021)

Les 100 Personnages cultes de la BD
(*Le Figaro*, 2021)

Les 100 Héroïnes de l'art
(*Madame Figaro*, 2021)

Les 100 Expressions inspirées de l'art
(*Le Figaro littéraire*, 2021)

L'auteur

Laurence Caracalla est à la fois écrivain et journaliste. Passionnée de littérature, elle collabore régulièrement au *Figaro littéraire* et au *Figaro Magazine*. Elle est, par ailleurs, l'auteur de quelques ouvrages à succès dans cette même collection des « 100 » parmi lesquels *100 bonnes & mauvaises manières à connaître dans la vie. Le Guide du bien élevé*, *100 expressions favorites de nos grands-mères*, *Les 100 Romans français (qu'il faut avoir lus)*, *Les 100 Poèmes (qu'il faut absolument connaître)*, *Les 100 Répliques cultes du cinéma français* et *Les 100 Héroïnes de la littérature*.